AF280226

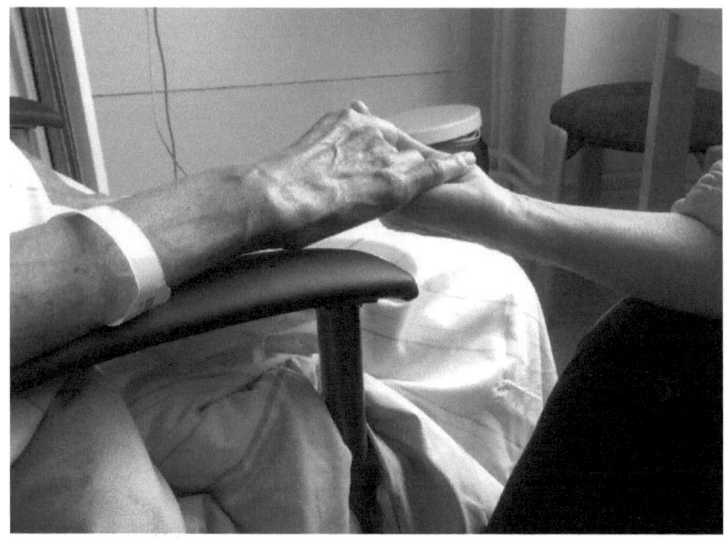

Als Dirk in seinen besten Jahren mit Herzversagen auf der Intensivstation landet, bleibt seine Welt und die seiner Lieben schlagartig stehen. Doch draußen dreht sie sich weiter, auch wenn die Familie monatelang zwischen Leben und Tod gefangen ist.

Am Ende – zur Rosenblüte – siegt der Überlebenswille und die gemeinsame Kraftanstrengung aller. Doch der Weg zurück ins Leben ist so voller tiefgreifender Erschütterungen, dass es sowohl dem Patienten selbst als auch seiner Frau Cordula eine dringende Herzensangelegenheit ist, all den Tiefen einen Sinn zu geben.

Beide hinterlassen aus ihrer jeweiligen Sicht eine ehrliche, klare und authentische Botschaft, zusammenzuhalten und hoffnungsvoll zu bleiben.

Ein autobiografischer Wegweiser zurück ins Leben.
Mit Illustrationen von Frauke Engler.

www.bis-zur-rosenblüte.de

Dirk Huckhagel-Ziebell und Cordula Ziebell

Bis zur Rosenblüte

Ein True-Drama über den Kampf ums Überleben

Deutsche Erstausgabe November 2023

Bibliografische Information der Deutschen Nationalbibliothek:
Die Deutsche Nationalbibliothek verzeichnet diese Publikation in der
Deutschen Nationalbibliografie; detaillierte bibliografische Daten
sind im Internet über dnb.dnb.de abrufbar.

Impressum:
Dirk Huckhagel-Ziebell und Cordula Ziebell
Bonninguesstraße 26, 23628 Krummesse

Umschlaggestaltung, Layout und Satz:
Julia Kerschbaum, juliakerschbaum.com

Illustrationen:
Frauke Engler, fraukeengler.com

Fotos:
Lys Ziebell, Yuri Ziebell

Herstellung und Verlag:
BoD – Books on Demand, Norderstedt

ISBN 978-3-75788-918-0
Unabhängig veröffentlicht.

Keine klare, durchgetaktete Erzählung
abgeben, sondern eine
mit Löchern und Fragezeichen.

Doris Dörrie

INHALT

Wie wir dieses Buch geschrieben haben

Dieses Buch ist kein Roman, weil die Handlung nicht erfunden ist. Und auch nicht wirklich ein Tatsachenbericht, weil wir das, was geschah, unterschiedlich erlebt und empfunden haben. Deshalb erzählen wir jeweils unsere ganz eigene Geschichte, die uns intensiv vor existenzielle Fragen gestellt hat.

Geschrieben haben wir allein für uns – Dirk Huckhagel-Ziebell aus seinem unmittelbaren Erleben heraus, Cordula Ziebell auf Grundlage ihrer E-Mail-Berichte an Freundinnen und Freunde. Wir kannten den jeweils anderen Text nicht. Für dieses Buch haben wir beide Perspektiven miteinander verbunden. So erzählen wir abwechselnd. Auch unsere erwachsenen Kinder haben aus ihren jeweiligen Sichtweisen dazu beigetragen.

Beim Lesen kannst du daher an der einen oder anderen Stelle durchaus Widersprüche entdecken. Diese sind unseren unterschiedlichen Wahrnehmungen und Wahrheiten geschuldet, die wir auch im nachträglichen Gespräch nicht aufklären konnten. Wir halten dies auch nicht für notwendig.

Vielmehr möchten wir dich am Ende jedes Kapitels mit Impulsfragen dazu anregen, über deine eigene Situation nachzudenken und dein Leben zu vertiefen.

Prologe

Dirk

Das Erste, was ich höre, ist ein gleichmäßiges Piepen. *Piep, piep, piep.* In einer Tonhöhe, die sehr eindringlich ist, ohne schrill zu klingen. Etwas klackert dumpf. *Klack, klack, klack.* Darunter liegt ein sanftes Rauschen. Oder eher ein Schnurren, aber nicht wie von einer Katze, nicht so rhythmisch. Licht blendet meine Augen. Dann schwillt das Piepen an und es beherrscht mit seinem scharfen Ton penetrant den Raum. Es dringt durch meine Ohren in mein Innerstes. Überall piepen. Und Meeresrauschen, Wellen, die kommen und gehen. In kürzeren Intervallen, als man es erwarten würde. Immer im gleichen Rhythmus ...

—

31.01.
Cordula

Ihr Lieben,
DANKE für eure Unterstützung aus der Ferne. Die Ereignisse überstürzen sich: Dirks Zustand hat sich dramatisch verschlechtert. Gestern wurde eine Not-OP durchgeführt; er ist jetzt an eine Herz-Lungen-Maschine angeschlossen, sein Leben hängt an einem seidenen Faden. Wir wussten gestern den ganzen Nachmittag nicht, ob wir ihn lebend wiedersehen. Doch Dirk und ich hatten für abends

eine „Verabredung" und die hat er eingehalten!!

Nun hoffen die Ärzt*innen, dass sich sein
Herz so weit erholen kann, dass man ihm
nächste Woche (evtl. schon Montag) ein Kunstherz einsetzen kann. Gleichzeitig ist jede
OP mit Vollnarkose für ihn lebensgefährlich.
Dennoch ist das die einzige Option, die er
noch hat …

Lys, Yuri und ich haben von Dirk schon Ab-
schied genommen – gleichzeitig glauben und
hoffen wir auf eine weitere Chance!
Heute Nachmittag dürfen Lys und ich ihn
besuchen (Yuri war schon Donnerstag und
Freitag bei ihm, jetzt begleitet er uns aus
der Ferne!).

Alles Liebe,
Cordula

Ich fahre wie benommen nach Hause. Plötzlich überkommt mich ein starkes Verlangen und ich kaufe mir noch auf dem Rückweg ein halbes Grillhähnchen.

01.
Die Verabredung

Zwei Tage zuvor
Cordula

Dirks Zustand hat sich über den Winter hin immer mehr verschlechtert – am 18. Januar muss er ins Krankenhaus. Doch auch dort führt keine Anwendung zum Erfolg: Dirk wird von Tag zu Tag immer schwächer, so dass er an dem darauffolgenden Wochenende schon richtig gelb aussieht. Seine ganze Erscheinung erinnert mich an meinen Vater auf seinem Totenbett.

Ich muss Alarm schlagen, bis endlich ein diensthabender Oberarzt kommt, der uns jedoch nur vertröstet: Mein Mann würde die notwendigen Medikamente erhalten, mehr könne man nicht tun und ich solle mir keine Sorgen machen. Ich bin innerlich sehr wütend, aufgebracht und in großer Sorge, was ich Dirk gegenüber jedoch nicht zeige. Ich glaube, ihm selbst ist sein bedrohlicher Zustand gar nicht so richtig bewusst, und ich versuche, eher Ruhe und Zuversicht auszustrahlen.

Ich bleibe noch bis zum Abend bei ihm und fahre

dann nach Hause, wo ich unserer Tochter Lys (19 Jahre) von meinem Besuch im Krankenhaus erzähle. Später telefoniere ich noch mit meiner Schwester, um mich mit meinen Sorgen mitteilen zu können. Ich nehme mir vor, gleich am nächsten Morgen Dirks Kardiologen aus der Herzinsuffizienz-Ambulanz der Klinik anzurufen und komme mit nur sehr unruhigem Schlaf durch die Nacht.

Am nächsten Tag, Montag früh, rufe ich den Kardiologen gleich an und sage ihm, dass alles schieflaufe. Dirk würde immer schwächer und gelber werden und niemand scheine dies ernst zu nehmen – er sehe aus, als würde er jeden Moment sterben.

Wir treffen uns am Nachmittag an Dirks Bett und der Kardiologe überweist ihn sofort auf die Intensivstation. Per Infusion in höchsten Dosen versuchen sie über drei Tage, sein schwaches Herz zu unterstützen – ohne Erfolg. Dirks Zustand verschlechtert sich weiterhin, er wird immer schwächer und pflegebedürftiger. Ich mache mir große Sorgen.

Am Donnerstagmorgen rufe ich unseren Sohn Yuri (25 Jahre) an und sage ihm, er solle kommen, wir müssten Entscheidungen treffen.

Als wir beide an Dirks Bett stehen, kommen sein behandelnder Kardiologe, ein Herzchirurg und eine „Herzschwester" von der Kunstherzambulanz dazu. Sie eröffnen uns, dass Dirk ein sogenanntes künstliches Herz (Herzunterstützungssystem, LVAD) eingesetzt bekommen müsse. Es sei allerhöchste Zeit und seine einzige Chance zu überleben. Ich merke in diesem Moment, wie der Teil in mir, der ganz rational und in Krisen absolut funktionsfähig ist, die Führung übernimmt. Für Katastrophengedanken und Gefühle ist jetzt kein Platz, deshalb gehe ich relativ sachlich mit dieser Situation um und stelle unter anderen auch viele technische Fragen zum „Kunstherz". (Später, so werde ich erfahren, kommen meine unterschiedlichsten Gefühlszustände schubweise zum Vorschein.)

Die „Herzschwester" zeigt uns anhand eines Modells, wie alles funktionieren würde. Für Dirk würde es bedeuten: eine lebensgefährliche OP, ein Herzunterstützungssystem mit offenem Ausgang aus dem Körper – ein Stromkabel (Driveline), das mit einem Controller mit Akku oder mit direktem Anschluss an die Wandsteckdose versehen ist, ein Leben lang. Nie mehr baden, nie mehr Sauna, immer mit einer 2 Kilo schweren Tasche am Körper, Tag und Nacht.

Wir sagen ihm, wir würden ihn dabei unterstützen, doch er müsse es wollen!

Am Abend fahren Yuri und ich tapfer, aber auch wie paralysiert nach Hause.

—

Lys

Es ist ein kühler Donnerstag im Januar. Ich habe bis zum frühen Abend gearbeitet. Im Bus nach Hause schaue ich in die Weiten der mit Graupel bedeckten Felder. Meine Gedanken kreisen vor sich hin, doch landen sie immer wieder bei Papa. Die Arbeit war eine gute Ablenkung, aber nun macht sich langsam wieder das vertraute leere Gefühl in mir breit. Den Rest der Fahrt nehme ich kaum wahr.

Von Mama erhielt ich schon am Mittag die Nachricht, dass Yuri heute aus Hamburg komme. „Wir müssen besprechen, wie es mit Papa weitergeht." Besprechen, ob Papa ein Kunstherz erhalten soll. Zuhause angekommen, sind die beiden schon aus dem Krankenhaus zurück. Mit seiner Anwesenheit füllt Yuri ein Stück der Leere.

In der Küche sitzen wir bei lauschigem Licht am Esstisch. Eigentlich ist es ein gemütlicher Abend. Ein schönes Familientreffen könnte man denken, wenn man uns dort aus der Ferne so sitzen sehen würde. Von Nahem aber würden unsere Gesichter sicher etwas anderes vermuten lassen. Wir sprechen über Papas Zustand und informieren uns über das LVAD-System, das Kunstherz. Seine derzeit einzige Chance.

In einer Dokumentation heißt es, die meisten der Patient*innen mit Kunstherz würden wohl noch um die sieben Jahre leben. Sieben Jahre ... Ich sollte doch so viel mehr Jahre mit meinem Vater haben. „Wir schaffen das!", sagt Yuri mit zarterer Stimme als sonst, „Zur Not auch zu dritt." Ein Moment, ein Satz, der mir auch nach Jahren noch tief unter die Haut gehen wird.

—

Cordula

Am Freitag gibt Dirk seine Zustimmung und die OP wird für die nächste Woche anvisiert.

Das bedeutet, dass ich am Montag zur Kranken-hausberatung gehen muss, da wir unbedingt noch eine Patientenverfügung beziehungsweise Vollmacht brau-chen. Es kann alles passieren.

—

30.01.
Der Tag, an dem Dirks Organe versagen
Cordula

Samstag früh. Ich habe das dringende Bedürfnis, jetzt schon eine Vollmacht und ein Testament vorzubereiten. Ich informiere mich im Internet, finde entsprechende Formulare und drucke sie aus. Nun sitze ich vor dem Pa-pier und starre es an. Ein Testament zu schreiben, ist sehr befremdlich, doch irgendwie tue ich es „einfach".

Gerade als ich fertig bin, ruft Dirk aus dem Kran-kenhaus an und eröffnet mir mit erstaunlich nüchterner Stimme, ich müsse sofort kommen: Er werde operiert, noch heute.

Ich fahre Hals über Kopf los. Als ich ankomme, liegt er bereits auf der Intensivstation der Herzchirurgie. Der Chirurg bereitet Dirk gerade für eine Notoperation vor. Dirks rechte Herzhälfte sei dekompensiert und er müsse sofort an eine Herz-Lungen-Maschine, sonst würde er den heutigen Tag nicht überleben.

Dirk wirkt noch sehr klar. Er unterschreibt die Vollmacht und das Testament. Wir sprechen über die Lebensgefahr, in der er sich befindet und darüber, dass er sterben könne.

Wir verabreden uns für abends ... Wir verabreden, dass er die OP überleben wird und wir uns danach wiedersehen werden. Schließlich haben wir unsere Verabredungen bisher immer eingehalten. Dennoch verabschiede ich mich von ihm so, als wäre es für immer.

Ich fahre wie benommen nach Hause. Plötzlich überkommt mich ein starkes Verlangen und ich kaufe mir noch auf dem Rückweg ein halbes Grillhähnchen. Da liegen sie nun, die Knochenreste des Hähnchens, das ich zuvor alleine in der Küche unseres Hauses kannibalistisch aufgefressen habe, während das Chirurgenteam gerade versucht, meinem Mann das Leben zu retten. Ich esse eigentlich kaum noch Fleisch, doch ich habe instinktiv gewusst, dass ich dies jetzt brauche, und habe es mir einfach erlaubt – es ging irgendwie ums Überleben. Die Zeit vergeht nur zäh.

Ich rufe Yuri an, um ihm alles zu erklären. Er wirkt ebenfalls sehr gefasst. Ich frage mich, wie es ihm wohl damit geht, so weit weg vom Geschehen zu sein.

—

Yuri

Eigentlich müsste ich jetzt bei ihnen sein. Warum bin ich nicht einfach in den nächsten Zug gestiegen und losgefahren? Wäre ich gleich los, nachdem meine Mutter angerufen hat, wäre ich bald schon da. Aber ich konnte irgendwie nicht. Ich konnte mich einfach nicht bewegen, wollte nicht unter Menschen sein, wollte niemanden sehen und von niemandem gesehen werden.

Auf der Arbeit konnte ich mich die letzte Woche so weit ablenken, dass alles ganz gut klappte. Ich grabe mich über Stunden sehr tief in für mich völlig unbekannte Themen ein, so konnte ich mich in dieser Woche teilweise grandios konzentrieren. Während der Mittagspausen genoss ich leckeres Essen und führte interessante Gespräche. Und ich habe gelacht.

Nun liegt mein Vater auf dem Tisch einer Not-OP. Sein Leben hängt am seidenen Faden und statt zu meiner Familie zu eilen, liege ich jetzt alleine auf meinem Bett und starre die Decke an. Wie kalt kann man eigentlich sein?

Ja, mir ist irgendwie mulmig und alles fühlt sich leicht dumpf an. Aber insgesamt überrascht es mich, wie gut es mir trotz der Situation geht. Müsste ich nicht eigentlich mehr fühlen? Weinen, beten oder zumindest irgendwie trauriger sein? Aber es gibt ja noch Hoffnung.

Noch mehr als vier Stunden, dann müsste es vorbei sein. „Vorbei sein!" Was für eine Formulierung. Warum mache ich eigentlich so ein Drama daraus? Wir leben in Deutschland. In der gesamten Menschheitsgeschichte gab es keine bessere Zeit als diese und kaum einen besseren Ort als diesen, um hoffnungsvoll auf eine solche Operation zu blicken. Die technische Entwicklung in der Medizin, das hervorragend ausgebildete und vertrauensvolle Krankenhausteam – wie kann man da nicht guter Dinge sein?

Und überhaupt: Wie privilegiert wir sind. Unfassbar! Da sterben überall auf der Welt täglich Menschen, Kinder, an Ursachen, an denen im 21. Jahrhundert wirklich niemand mehr sterben sollte und müsste. Und ich, hier, heute. Ich spiele mich auf darüber, ach wie schlimm es gerade doch ist und mein Vater sterben könnte. Während der Operation dieses Mannes, der nun knapp 60 Jahre alt werden durfte, sind bestimmt etliche Kinder verhungert. Oh man, was für ein Vergleich. Darf man das überhaupt denken? Wie komme ich nur jetzt auf sowas?

Und dennoch: Wie kann ich etwas anderes empfinden als Dankbarkeit. Dankbarkeit darüber, dass es sogar in dieser Situation noch Grund zur Hoffnung gibt. Dabei heißt es doch, es gebe immer Grund zur Hoffnung. Kann man dann zwischen begründeter und unbegründeter Hoffnung unterscheiden? Habe ich gerade begründete Hoffnung? Ist jede Hoffnung begründet? Hätte ich mal doch Philosophie in der Schule belegt!

Nach diesem Gedankenwirrwarr gibt mein Kopf plötzlich auf. Irgendwie habe ich jetzt alles gedacht, was man nur so denken kann, während man auf den Tod oder das Leben wartet. Mich überkommt eine wahnsinnige Unruhe. Wo ich bis eben noch an meinem menschlichen Mitgefühl ob meiner Nüchternheit zweifelte, überkommen mich nun Herzklopfen und Schweißausbruch. Ich muss hier sofort raus. Wie benommen schnappe ich mir Schlüssel und Jacke und verlasse die Wohnung. Ich laufe einfach in irgendeine Richtung. Was ist denn plötzlich los? Ich weiß es nicht. Jedenfalls ist es jetzt dunkel und es regnet und die Straßen Hamburgs gehören mir fast alleine. Während ich durch die Gassen streife, schaue ich immer öfter auf die Uhr. Es kann nicht mehr lange dauern, dann müsste der Anruf kommen. Was, wenn der Anruf früher oder später als angekündigt kommt? Ist das dann ein gutes oder ein schlechtes Zeichen? Hoffentlich spannt mich Cordula nicht zu lange auf die Folter und sagt es direkt heraus. Ich halte die Ungewissheit nicht aus. Ich will nicht, dass er stirbt! Er ist so ein toller Vater gewesen und ist es auch noch. Wir sind nicht nur Vater und Sohn, sondern wir sind auch Freunde. Ich will nicht, dass er stirbt. Er ist noch zu jung. Meine Mama ist dann ganz alleine in dem großen Haus und meine Schwester konnte ihren Vater viel weniger erleben als ich. Und ja, so ging es früher bereits vielen und vielen geht es heute noch schlechter; der Tod gehört zum Leben dazu, aber – ich will nicht, dass er stirbt.

Als ich es kaum noch aushalte, klingelt endlich mein Handy. Ich bleibe abrupt stehen. Erst jetzt merke ich, dass ich fast vor meinem Haus stehe. Ich muss die letzten zwei Stunden immer wieder im Kreis gelaufen sein. Wie betäubt nehme ich das Telefon in die Hand: „Ja?" „Dirk hat die OP überlebt, er ist jedoch noch unter Narkose."

—

Cordula

Lys und ich fahren sofort hin und als wir ankommen, schläft Dirk noch. Er ist an 1000 Kabeln und Geräten angeschlossen, sein Blut läuft durch durchsichtige Schläuche zur Herz-Lungen-Maschine. Dass er ein multiples Organversagen hatte, wurde uns erst später bewusst.

Als er aufwacht, sieht er uns an. „Lebe ich noch?", ist das Erste, was er sagt. „Ja, du lebst – du hast unsere Verabredung eingehalten!"

Wir sind unbeschreiblich erleichtert, dass Dirk bis hierher alles überstanden hat und geistig offensichtlich relativ klar ist. Später erfahren wir, dass sein Gehirn letztendlich das einzige Organ war, das nicht kollabierte.

—

Lys

Das Telefon klingelt. Papa hat die Not-OP überlebt. Wir können sofort zu ihm fahren.

Mein Kopf ist leer und gleichzeitig verspüre ich Erleichterung, wissend (oder auch nicht?): Dies ist erst der Anfang.

Im Auto schreibe ich direkt Katharina, dass Papas OP gut verlief. Sie sollte nicht länger bangen müssen.

Während ich diese Zeilen abtippe und mich an diesen Tag, in diese Stunden zurückversetze, steigt mein Puls. Mein Herz schlägt schneller. Ich spüre die Aufregung noch genauso wie damals.

Wir gehen die ewig langen Flure entlang. Jedes Mal aufs Neue ist es bedrückend. Wir schweigen. Mehr und mehr Anspannung macht sich breit. Wie geht es Papa?

Da vorne ist sein Zimmer. Die Tür steht offen, wie fast alle auf der Intensivstation. Dort liegt er – wach. Er bemerkt uns sofort und schaut uns mit ungläubigem Blick an. Verängstigt. Er fragt mit sanfter, kindlicher Stimme: „Lebe ich noch?" Plötzlich altere ich um Jahre. Ich habe das Gefühl, die Rolle eines Elternteils einzunehmen. Ich muss ihn beschützen, für ihn sorgen. Für eine lange Zeit wird nichts so, wie es war.

—

03.02.

Tag der Kunstherz-OP
Cordula

Ihr Lieben,

die wohltuenden Gedanken und Wünsche von jedem von euch stärken uns sehr – lieben Dank. Gestern waren wir sieben Stunden bei Dirk im Krankenhaus, was ihm (und uns) sehr gutgetan hat. Es liefen bereits die ersten Vorbereitungen für die OP, die heute um halb acht beginnt.

In der Nacht kam er schon an das Beatmungsgerät, damit er gut und ohne Angst schlafen kann. Das hat er schon einmal gut gemeistert.

Alles ist für ihn hoch riskant, aber auch die letzte Chance. Doch er will leben und kämpfen und ist dabei unwahrscheinlich tapfer!

Dirk bekommt ein LVAD-System, ein Kunstherz für die linke Herzkammer, und zunächst (für höchstens 1-2 Wochen) auch noch ein Unterstützungssystem für die rechte Herzkammer, weil deren Leistung in den letzten Tagen auch noch rapide abgenommen hat. Die Hoffnung ist dabei, dass sie sich wieder erholt und dieses Unterstützungssystem dann wieder herausgenommen werden kann (was dann wohl nur ein kleiner Eingriff ist).

Wir denken im Moment nur Schritt für Schritt. Die OP heute dauert mehrere Stunden, bis ca. 16/17 Uhr und wir wissen nicht, ob er sie überleben wird.

Schickt eure guten Energien und ganz viel Kraft an Dirk, er braucht jetzt unseren ganzen Rückhalt.

Lys, Yuri, meine Schwester und ich halten hier zusammen und wir unterstützen uns gegenseitig sehr.
Drückt uns die Daumen, ich melde mich wieder per Mail (zu telefonieren kostet mich zurzeit zu viel Kraft).

Liebe Grüße,
Cordula

—

Die Tage zwischen den beiden OPs und auch noch die Wochen danach spielen sich ab wie in zwei Welten: die Welt im Krankenhaus bei Dirk, der um sein Leben kämpft, und die „normale Welt da draußen" – beides fühlt sich surreal an. Wie gut, dass man irgendwie funktioniert!

Die Nächte sind grauenvoll. Ich schlafe nur sehr, sehr unruhig – immer darauf gefasst, dass jederzeit das Telefon klingeln könnte und mir das Krankenhaus mitteilt, dass Dirk gestorben sei.
Meine Gedanken gehen in alle Richtungen – inklusive Beerdigungsvorbereitungen.
Ich habe sie mir alle erlaubt.

Eines Nachts sehe ich Dirk als Lichtgestalt – war es sein Astralkörper?! – durch mein Zimmer huschen und bekomme totale Angst.
In welcher Welt ist er jetzt? Ist er gestorben?

Diese Tage zwischen den beiden OPs ist Dirk in einem wechselnden Zustand von Wachsein und Fantasieren und er will zwischendurch immer eine Bestätigung, ob seine Wahrnehmung real ist oder nicht. So fragt er uns häufiger, ob wir auch die weißen Gestalten oder Nonnen sehen würden: „Ist das die Realität?" Wenn wir dies verneinen, scheint er beruhigt. Zwischendurch dämmert er dann immer wieder weg.

Er leidet wohl sehr unter Durst und Luftnot und hält uns die Tage über auf Trab mit den beiden Aufforderungen: „Wasser" und „Luft". Da er als Vorbereitung auf die OP kaum etwas trinken darf, versuchen wir in unserer Hilflosigkeit mit Wasser-durchtränkten Schwämmchen und gemeinsamem Ein- und Ausatmen zu helfen.

Der Tag vor der Operation des Kunstherzens. Wir stehen

zu fünft an Dirks Bett: Lys, Yuri, meine aus Brühl angereiste Schwester Barbara, Dirks Kollegin und gute Freundin Katharina und ich. Bis 22 Uhr sind wir bei ihm, versorgen ihn abwechselnd mit „Wasser" und „Luft", reden, lachen, weinen. Denn vielleicht ist dies der letzte Tag mit Dirk. Sein Körper ist in einem schrecklichen Zustand; seine Haut hat überall schlimme trockene, raue, aufgerissene Stellen und blaue bis dunkelviolette Flecken, so auch an einem Ellenbogen.

Als wir ihn betrachten, sagt Dirk, wir sollen ein Foto von uns allen mit seinem Ellenbogen machen. Das Foto solle dann nach der OP für ihn der Beweis sein, dass er noch lebt. Die Situation beim Fotografieren war so grotesk – wir mussten alle lachen. Sogar im Fast-Delirium verliert Dirk nicht seinen Humor.

Als Katharina sich als erste von Dirk – vielleicht für immer – verabschiedet, muss ich weinen. Dirk fragt mich, ob ich eifersüchtig sei, weil er „eine fremde Frau küsst" und schon muss ich wieder lachen. Eigentlich ist es unbeschreiblich, wie mich dies alles durch und durchgeschüttelt hat.

Die Nacht kann ich kaum schlafen und den Tag über sitzen wir alle wie auf Kohlen und schicken all unsere Liebe, Energien und gute Gedanken zu Dirk ins Krankenhaus.

Impulse

* Inwieweit habe ich mich bisher bewusst mit dem Thema Sterben und Tod auseinandergesetzt?

* Wie offen habe ich in meiner Partnerschaft, innerhalb der Familie, mit meinen Freund*innen über Sterben und Tod gesprochen?

* Patientenverfügung, Vollmachten, Testament – wann ist für mich der richtige Zeitpunkt, mich um diese Art meiner Vorsorge und den dazugehörenden Formalitäten zu kümmern?

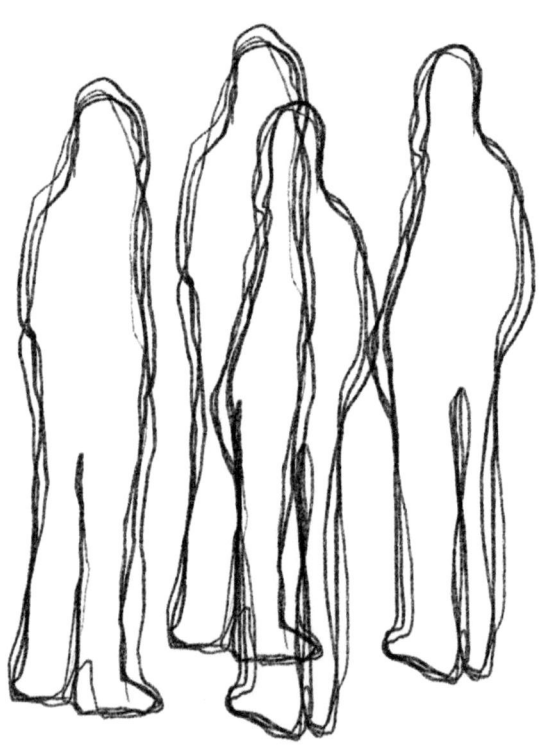

Die kleine Gruppe unterhält sich, während sie immer wieder zu mir blicken. Ich kann nicht hören, was sie sagen.

02.
Sie geben mir Tranquilizer

<u>Dirk</u>

Etwas drängt sich in meinen Mund. Ich spüre Druck am Gaumen und Zungenbein, fast bis in den Hals. Ich will dahin greifen, um zu fühlen, was es ist. Doch ich kann meine Hände nicht heben. Werden sie festgehalten? Jemand ist da. Neben mir. Über mir ein Gesicht. Ich erkenne eine Frau, weiß gekleidet. Wer ist das? Was macht sie da? Sie sagt nichts. Ich kann nicht sprechen! Sie geht wieder. Soweit ich sehen kann, bin ich alleine. Ich kann mich nicht bewegen. Es juckt auf meiner Nase. Das Jucken wird immer stärker. Ich kann nicht hinlangen und kratzen. Niemand ist bei mir. Ich habe keine Ahnung, was hier mit mir passiert. Ich bekomme Angst. Wo bin ich? Ich erkenne nichts wieder. Ich muss irgendwo in der Pampa sein, weit weg von zu Hause. Wo sie mit einem machen können, was sie wollen. Irgendwo auf dem platten Land. Vielleicht in Dithmarschen. Hier kommen Leute hin, die niemand mehr haben will. Was dort mit mir passiert, interessiert nicht. Man soll nur weg. Am besten bald sterben.

Ich will nicht sterben. Wieso macht Cordula das? Warum hilft mir keiner? Über der Tür entdecke ich eine Uhr. Aber welche Tageszeit? Werde ich Cordula wiedersehen und die Kinder? Nichts geschieht. Ich höre wieder das Piepen. Die Zeit vergeht nicht. Kommt da endlich mal jemand? Ihr könnt mich doch nicht so alleine lassen! Ich warte endlos. Ich schaue immer wieder auf die Uhr. Eine Minute ist vergangen. Zwei Minuten sind vergangen. Irgendwann sind dreißig Minuten vergangen.

Ich muss eingeschlafen sein. Ich erkenne zwei Männer an meinem Bett. Sie binden meine Handgelenke los, machen das Bettgitter runter und drehen mich auf die linke Seite. Ich kann kaum atmen. Ich spüre einen immensen Druck auf meinem Körper. Sie führen diverse Kabel über mich rüber. Ich kann mich nicht auf der Seite halten. Mein Kopf schwebt frei. Eine Hand liegt in meinem Rücken und verhindert, dass ich zurückrolle. Ich mache mich starr und versuche, mich mit einer Hand irgendwo festzuhalten. Eine kleine Bewegung ist mir möglich. Meine Hand ertastet ein Metallrohr. Ich umklammere es kraftlos. Es gibt mir das Gefühl von Halt, ohne dass es mich wirklich hält. Diese Seitenlage halte ich nicht aus. Ich kann meinen Kopf nicht ablegen. Sie ziehen das Laken halb ab, bilden daraus eine Wurst, die sie unter mich schieben. Dann nehmen sie ein neues Laken, das sie aufs Bett ziehen und ebenfalls wie eine Wurst unter mich knüllen. Über diesen Berg rollen sie mich auf die andere Seite. Ich bin ihnen vollkommen ausgeliefert. Ich kann nichts tun, außer es über mich ergehen zu lassen. Hoffentlich ist es bald vorbei. Blut spritzt aus meinem Mund. Meine freie Hand bewegt sich zum Mund, ohne etwas ausrichten zu können. Ihr Gespräch verstummt. Schnell halten sie mir Papiertücher vor den Mund, um aufzufangen, was noch nachkommen könnte. Sie wischen das Gröbste weg, beziehen das Bett zu Ende. Mit einem Waschlappen wischen sie über meinen Mund. Ich spüre meine trockenen, aufgerissenen Lippen. Ich bin durstig. Meine Handgelenke werden wieder festgebunden. Sie wirken besorgt, als sie fragen, ob ich Schmerzen habe. Ich schüttle den Kopf.

Dann bin ich wieder dem gleichförmigen Rhythmus des Zimmers und der Zeit überlassen. *Tack, tack, tack.* Ich sinke in einen Nebel voller Bilder. Jemand streichelt über meine Hand und sagt etwas. Ich höre, wie ein Schalter betätigt wird. Ich werde schwächer. Ich versuche mehr zu atmen. Es geht nicht. Meine Lippen brennen. Durst.

Ich muss weggedämmert sein. Als ich die Augen wieder öffnen kann, lächelt mich Cordula an. Wie schön! Alles wird gut. Ich sinke tiefer in die weiche Matratze. Cordula umarmt mich und drückt ihre Wange an mein Gesicht. Ich spüre ihre weiche Haut und rieche sie. Bleib so! Nach einer Weile richtet sie sich auf und fasst sich an ihren Rücken. Sie setzt sich an mein Bett. Ich schaue sie an. Sie muss mir helfen. Sie wird mir helfen. Ich ziehe an meinen festgebundenen Handgelenken, die sich aber nicht bewegen und sehe sie eindringlich an. Versteht sie, was ich will? Niemand hat bisher auf meine Blicke reagiert. Was tue ich hier? Was soll das alles? Wieso redet niemand mit mir? Ich möchte schreien, aber ich kann es nicht. Der Schrei geht in mich hinein und zieht mich wieder in dunkle Ängste. Die Angst hat nicht einmal Bilder.

Etwas dringt in meinen Mund und kreist schonungslos über meine Schleimhäute. Ich erkenne die Frau wieder. Dann setzt sie eine Spritze an einem Schlauch an. Sie blickt lange hinter mein Kopfende, als würde sie etwas überprüfen. Cordulas Blick geht zu meinen Händen. Dann schaut sie mich wieder an. Ihre Augen sagen, wie leid es ihr tut. Sie könne nichts machen, höre ich sie sprechen. Das sei zu meiner Sicherheit. Der Arzt hätte ihr erklärt, ich hätte versucht, meine Beatmung rauszuziehen. Wenn ich ihr verspreche, es nicht zu tun, spricht sie mit dem Arzt.

Kurze Zeit später kommt sie mit der Frau wieder und diese befreit eine Hand. Ich fasse an mein Gesicht. Sofort drückt Cordula die Hand wieder runter. Sie hätte versprechen müssen, dass ich die Beatmung nicht rausziehe. Daran müsse ich mich jetzt halten. Meine Augen sagen, ich wolle mich nur kratzen, aber das versteht da draußen niemand. Vielleicht sieht Cordula auch, dass ich mir nicht sicher bin, ob ich das Versprechen einhalten kann. Nur ein wenig lockern, nur einmal kurz rausziehen. Befreien. Und ich habe Cordula vorher noch alle Vollmachten gegeben. Über medizinische Maßnahmen, über unser Geld und das Haus. Alles darf sie entscheiden. Aber wieso bringt sie mich hierher? Es gibt doch nicht wirklich was zu erben. Ich bin vollkommen ausgeliefert. Ausgeliefert. Reingelegt.

Als ich wieder aufwache, stehen mehrere weiß gekleidete Personen am Fußende meines Bettes. Jemand hat eine Akte in der Hand und erzählt etwas, den Blick auf einen älteren Herrn der Gruppe gerichtet. Dann schauen alle zu mir. Eine Frau lächelt mich an. Der Mann mit der Akte redet weiter. Es ist anstrengend, so über die Nase zu schauen, dass ich ihn aus meiner Position überhaupt sehen kann. Dabei drehe ich den Kopf auf die rechte Seite, weil ich ihn mit dem linken Ohr vielleicht ein klein wenig verstehen kann. Sein Blick wendet sich von mir ab und für einen kurzen Moment der kleinen Gruppe zu. Er scheint eine Frage zu stellen und bekommt wohl eine zufriedenstellende Antwort, denn dann sieht er mich wieder an. Der ältere Mann sagt etwas und seine linke Hand bewegt sich auf halber Höhe in Richtung Tür. Er setzt sich in Bewegung und in seiner Folge verlassen alle den Raum. Ich bin wieder allein.

Die Uhrzeit. Wie spät ist es? Vor- oder Nachmittag? Ist wieder ein ganzer Tag um? Kommt Cordula noch oder war sie schon da? Ich fühle mich einsam. Ich versuche an die schönen Tage in meinem Leben zu denken. Unser erster gemeinsamer Urlaub. Aber was ist jetzt? Was geschieht mit mir? Ich habe Angst, dass es vorbei ist. Ich höre die Tür. Pflegekräfte kommen mit einem Stapel Bettzeug. Sie drehen mich wieder auf eine Seite. Ich versuche mich steif zu machen und irgendwo Halt zu finden, um nicht zurückzurollen. Die Hand, die mich halten will, lässt mich entgleiten und ich rolle zurück. Ihr Gespräch stockt kurz. Dann folgen sie weiter ihrer Routine. Blut spritzt aus meinem Mund. Ich spüre ihr Erschrecken. Hektisch wischen sie es auf. Das neu bezogene Bett scheint wieder voller Blut zu sein. Ich werde wieder hin und her gedreht. Ich halte es nicht aus. Eine Krankenpflegerin setzt wieder eine Spritze an dem Schlauch von meinem Tropf an. Dann fragt sie, ob ich Schmerzen habe. Ich schüttele den Kopf. „Ihr Besuch ist da“, sagt sie, „ich lasse ihn gleich zu Ihnen.“ Ich starre auf die Tür und warte. Nichts passiert.

Dann endlich öffnet sich die Tür: Cordula und auch Lys treten ein. Wie ich mich freue. Ich spüre wieder ihre

Haut an meinem Gesicht. Ich brauche sie so sehr. Sie erzählen, was der Arzt gesagt hat und wie sie versuchen, im Alltag zurechtzukommen. Eine Hand wird wieder befreit. Ich halte Cordulas Hand. Ich versuche, Zeichen zu geben, weil ich auch Lys' Hand halten will. Dann sind wir eine Weile zusammen, verbunden durch unsere Hände. Meine Nabelschnur zum Leben. Ich spüre, wie trocken und faltig meine Hände geworden sind. In die Stille fallen Gedanken. Ich wollte ein Foto. Vor meiner zweiten schweren OP: Mein Besuch sollte meinen Ellenbogen anfassen. Später wollte ich mir das Foto ansehen, um sicher zu sein, dass ich lebe. Mein Besuch wirkte irritiert. Zögerlich kamen sie meiner Aufforderung nach. Jemand holte sein Handy heraus, um zu fotografieren. Die Erste lachte ein wenig. Als sie meinen Ellenbogen berührten, entspannten sich alle.

Durch ein Geräusch werde ich wieder geweckt. Ein Arzt kommt herein. Cordula fragt ihn, ob sie noch den behandelnden Arzt sprechen könne. Da müsse sie auf Station fragen, er sei nur für die Technik zuständig. Genauer gesagt für die ECMO. Er sei sozusagen „Dr. Ecmo". Er prüft ein Gerät rechts an meinem Fußende, während Cordula und Lys weitererzählen oder über mein Gesicht streicheln.

Die Tür öffnet sich und Claus (Name geändert) kommt rein. Ich freue mich und strahle ihn an. Er wird merken, was hier mit mir gemacht wird. Cordula erklärt, dass sie ihn zufällig getroffen haben, als sie darauf warteten, zu mir zu dürfen. Claus hat hier viele Jahre gearbeitet und bekommt immer noch einen Kaffee, wenn er vorbeischaut. Nach einem Blick in eine Karteikarte, die im Zimmer liegt, versichert er, dass die hier alles richtig machen. Auch er gehört dazu. Ich bin enttäuscht. Fassungslos.

Aber er ist ja auch kein wirklicher Freund von mir, sondern der Ex einer Freundin von Cordula. Ich versuche mit aller Kraft ... Nein, ich kann nicht sprechen. Ich kann nicht sagen, dass sie mir Tranquilizer geben, immer eine halbe Stunde, bevor der Besuch kommt. Damit ich während des Besuches einschlafe. Ich kann dann nichts ausplaudern. Dabei möchte ich so gerne wach bleiben. Ausgeliefert, ich bin ihnen ausgeliefert.

Cordulas Hand. Mein Daumen streichelt über ihren Handrücken. Ich werde ruhig. Ich brauche sie so sehr. Sie wollen aufbrechen und morgen wiederkommen. Sie haben mich sehr lieb. Ich nicke und drücke sie kräftig. Der Pfleger bindet meine freie Hand fest. Was soll ich dagegen machen? Es ist sowieso aussichtslos. Ich bin wieder allein mit meinen Gedanken und meiner Angst. Eine Absteige für Pflegefälle, mehr ist das hier nicht. Wie lange ich so liege, meiner Angst überlassen bleibe, weiß ich nicht. Der Beatmungsschlauch drückt in meinen Hals. Ich versuche, den Kopf mal hierhin, mal dorthin zu drehen, um mir zumindest etwas Erleichterung zu verschaffen. Es nützt nichts. Kabel führen unter meiner Bettdecke heraus und Schläuche. *Piep, piep, piep. Tack, tack, tack.* Dieser Rhythmus bestimmt den Raum und mein Leben. Dieser Raum ist jetzt mein Leben. Dieses Bett ist mein Leben. Werde ich sterben?

Ein Pfleger beugt sich über mich. Ich kenne ihn nicht. Er wirkt verärgert. Er dreht mich auf die Seite, lässt mich so liegen und geht wieder raus. Meine Hand versucht etwas zu greifen. Mit aller Kraft halte ich mich fest. Mein ganzer Körper ist überspannt wie auf einer Streckbank. Ich warte. Er kommt nicht wieder. Meine Hand versucht noch einmal nachzugreifen, um besseren Halt zu finden. Meinen Kopf kann ich nicht richtig ablegen und muss ihn die ganze Zeit über einem Sammelsurium von Kabeln halten. Wo bleibt er denn? Der kann mich doch hier nicht so liegen lassen. Bestimmt spucke ich gleich wieder Blut. Ich will rufen, schreien. Aber meine Stimme verlässt nicht meine Gedanken. Klingel. Sie haben mir keine Klingel gegeben. Die ganze Zeit schon nicht. Sonst hatte ich im Krankenhaus doch immer eine Klingel! Hier geben sie mir lieber keine. Ich halte diese Marter nicht mehr aus. Das muss doch einer merken. Wo sind denn alle hin? *Tack, tack, tack.* Ich versuche, die Uhr zu erkennen. Schon wieder zehn Minuten um. Wenn ich jetzt rufen könnte oder wenigstens etwas schmeißen. Es wird zu Ende gehen mit mir. Ich kann nicht mehr. 30 Minuten sind jetzt schon vergangen. Ich denke an Cordula.

Eine Krankenpflegerin kommt herein. Sie schaltet das Deckenlicht an und wünscht mir einen guten Morgen. Sie schaut lange hinter mein Kopfende, dahin, wo es immer piept. Schließlich fragt sie, ob ich Schmerzen habe. Schmerzen? Ja – es muss etwas passieren! Ich nicke. Bauchschmerzen? Ja. Stark? Ja. Okay, meint sie und geht. Ich habe übertrieben, aber es muss etwas passieren. Vielleicht holen sie ja einen richtigen Arzt, einen Notarzt, und der merkt, was hier los ist.

Ich dämmere wieder vor mich hin. Wenn ich nur wüsste, ob es vormittags oder nachmittags ist. Kommt Cordula heute wieder? Müsste sie dann nicht schon hier gewesen sein? Ich glaube, der Tag geht schon wieder zu Ende und sie war nicht hier. Die Pfleger kommen und drehen mich wieder auf die Seite. Schon wieder die gleiche

Qual. Sie unterhalten sich. Der eine scheint neu zu sein. Blut spritzt aus meinem Mund. Ich versuche, eine Hand vor den Mund zu halten. Das Blut ist schleimig, fädig. In die Pfleger kommt Dynamik. Papier, abwischen, hoffentlich nichts auf die neue Bettwäsche. Sie sehen besorgt aus. Auch etwas hilflos. Ein Pfleger erzählt, meine Frau hätte angerufen. Sie käme heute etwas später. Dann zieht er eine Spritze auf und gibt das Medikament in meinen Infusionsschlauch. Ich denke wieder: Tranquilizer – ich werde wieder einschlafen. Gerade wenn Cordula bei mir ist. Dabei will ich doch wachbleiben. Die Zeit ist eh so kurz.

Als ich die Augen öffne, höre ich Cordulas Stimme. Du hast geschlafen, sagt sie. Warum weckt sie mich nicht einfach? Schlafen kann ich den ganzen Tag, aber doch nicht gerade, wenn sie da ist. Tastatur. Vom Handy. Ich versuche, als meine Hand befreit ist, Zeichen zu geben, so, als wenn ich telefonieren möchte. Als Cordula es verstanden hat und etwas verwundert ihr Handy hinhält, tippe ich auf das Display, bis sie versteht, dass ich etwas auf der Tastatur eingeben will. Ich kann nur mit Mühe meine Hand hochhalten. Ich sehe ohne meine Lesebrille die kleinen Buchstaben kaum. Meine Hand zuckt zu sehr. Sie gehorcht mir nicht. Es erscheinen nur unverständliche Buchstaben auf dem Display. Cordula will mich trösten und steckt dabei das Handy wieder ein. Ich protestiere. Neuer Versuch. Ich strenge mich an, die richtigen Buchstaben zu treffen: ,Sie geben mir Tranquilizer! Damit ich einschlafe!' Es gleicht mehr einem Ratespiel, aber irgendwann hat Cordula verstanden, was ich meine. Nein, sagt sie beruhigend, ich bekäme keine Tranquilizer. Beruhigungsmittel sicherlich, wegen der Beatmung und der vielen Geräte, die bei mir angeschlossen sind. Aber keine Tranquilizer. Sie versteht es nicht. Sie will es nicht verstehen. Es tut so weh! Nicht mal ihr kann ich mehr vertrauen. Sie streichelt über meine Wange. Sie hat sicherlich gemerkt, dass etwas nicht stimmt zwischen uns. Sie streichelt mich weiter. Ja, Cordula, ich brauche dich so sehr. Ich entspanne mich in ihre Nähe hinein, schließe die Augen und will diesen Moment festhalten.

Als ich sie öffne, sagt Cordula, ich sei eingeschlafen. Sie müsse jetzt auch los. Morgen komme sie wieder. Ich spüre, dass immer noch etwas anders ist zwischen uns. Ich kann meiner eigenen Frau nicht mehr vertrauen.

Das ist das Ende.

Ich habe keine Kraft mehr.

Es ist hoffnungslos.

Die Tür geht auf und es kommen mehrere Personen in mein Zimmer. Einer trägt einen roten Koffer und einen roten Rucksack. Er untersucht mich. Es muss der Notarzt sein. Ich will ihm erzählen, was hier mit mir passiert, aber ich versuche es gar nicht erst, weil es zwecklos ist. Ich kann nicht sprechen. Er wird es auch so merken. Er kommt von außen. Er wird mich in ein normales Krankenhaus verlegen. Die kleine Gruppe unterhält sich, während sie immer wieder zu mir blicken. Ich kann nicht hören, was sie sagen. Dann geht der Notarzt. Ich bekomme etwas gespritzt. Nein, nicht gehen. Nicht spritzen!

Als ich wieder aufwache, sehe ich Yuri. Er ist aus Hamburg gekommen. Cordula ist auch da. Ich spüre seinen Bart an meinem Gesicht. Er erzählt viel, wie es mit der Arbeit läuft und was seine Freundin macht. „Du schaffst es, Papa! Ich habe dich sehr lieb." Er wiederholt beides, wie ein Mantra. Cordula fragt: „Willst du leben?" Dann höre ich sie sagen: „Du musst es wollen!"

—

04.02.
1 Tag nach der Kunstherz-OP
<u>Cordula</u>

Liebe M.,

seit ca. drei Wochen überstürzen sich die Ereignisse: Dirks Zustand hat sich dramatisch verschlechtert, er ist seit über drei Wochen im Krankenhaus. Letzten Samstag wurde eine Not-OP durchgeführt; er ist jetzt an eine Herz-Lungen-Maschine angeschlossen. Gestern wurde ihm ein sogenanntes Kunstherz eingesetzt. Die OP mit Vollnarkose war für ihn lebensgefährlich, doch er hat sie — welch ein Segen — überstanden. Gestern konnten wir ihn noch kurz besuchen. Er wird noch einige Tage narkotisiert und die Ärzt*innen sagen, dass alles weiterhin sehr kritisch sei …

Im Moment werde ich hier von Barbara unterstützt. Lys und Yuri sind super, wie sie alles ertragen und mittragen!!

Drück' Dirk und uns die Daumen,
lieben Gruß,
Cordula

—

06.02.
3 Tage nach der Kunstherz-OP
Cordula

Wir besuchen Dirk jeden Tag. Er schläft die ganze Zeit –
wir wissen nicht, was er dennoch mitbekommt.
    Er lebt, doch ihn so anzusehen, ist furchtbar: Kabel,
Schnüre, Schläuche in jeder Körperöffnung: Beatmungsgerät, Katheter, Dialyse, Herz-Lungen-Maschine, Kunstherz mit großem Akkugerät, an den Händen fixiert. Ich
bin geschockt und gleichzeitig voller Hoffnung, dass er es
schaffen wird.

Während einer der endlosen Wartezeiten im Flur der Intensivstation kommt plötzlich der Ex-Mann einer Freundin vorbei. Er war viele Jahre Krankenpfleger auf dieser
Intensivstation und stattet seinen ehemaligen Kolleg*innen ab und zu einen Besuch ab.
    Er ist über meinen Bericht über Dirk sehr erschro-
cken und kommt später mit zu ihm ans Bett. Mit Tränen in
den Augen checkt er die Krankenaktenberichte am Fußende, betrachtet die vielen piependen Geräte und erklärt mir
und auch Dirk ganz in Ruhe und nochmal – zumindest für
mich – sehr verständlich die vielen Messdaten und ihre
Bedeutungen. Er sagt, dass Dirks Gehirnwellen gut aussehen und dies seine große Chance wäre, zu überleben.
Und er sagt, Dirk hätte unter den gesamten Herzunter-
stützungssystemen, die es zurzeit auf dem Markt gibt,
den „Porsche" erhalten.

42

Claus' Anwesenheit und Erklärungen beruhigen mich etwas und tun mir gut. Ich hoffe sehr, dass auch Dirk zu ihm Vertrauen fassen kann, denn ich spüre irgendwie, dass Dirk niemanden und auch mir nicht richtig vertraut. Claus ist vielleicht ein guter Vermittler zwischen privat und Klinik. Er besucht Dirk ab diesem Zeitpunkt häufiger in der Woche und schaut nach ihm, was mich sehr beruhigt!

Impulse

* Wie geht es mir in Situationen, in denen ich keinerlei Kontrolle habe? Wie gehe ich damit um?

* Gibt es Menschen, denen ich vollständig mein Leben anvertraue?

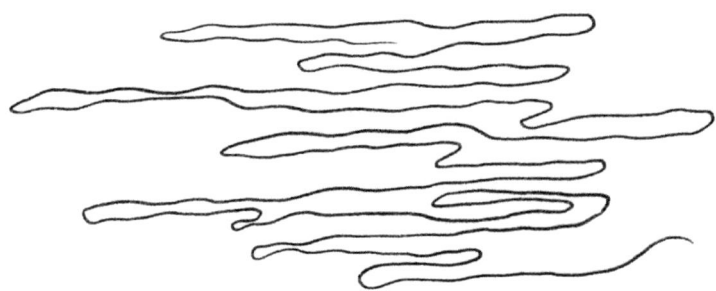

Ich weiß nicht, wo ich bin. Es hat auch keine Bedeutung. Nichts hat eine Bedeutung. Es ist alles selbstverständlich, so wie es ist.

03.
Nah, Tod!

Dirk

Ich glühe. Hitze steigt auf. Mein Kopf wird immer heißer. Ich spüre meine rissigen Lippen und meinen ausgetrockneten Mund. Ein kalter Luftstrom lässt mich am Kopf und an den Armen frösteln. Eiseskälte umfängt mich. Weiße Wesen huschen durch den Raum. Sie erscheinen plötzlich von allen Seiten, wenden sich mir zu und verharren einen Moment lang, bevor sie sich auflösen. Dann falle ich in eine tiefe Dunkelheit. Wie ein Strudel zieht sie mich immer weiter in sich hinein. Es umfängt mich eine unterschiedlich dunkle Intensität. Sie ist nicht schwarz wie in einem Tunnel. Schemenhaft fügen sich Umrisse von Wolken zusammen. Sie bilden keine wirkliche Gestalt. Schwerelos sinke ich weiter und weiter. Ich fühle mich körperlos. Alles wirkt leicht. Ohne Substanz und Bedeutung. Ich gleite durch den Raum, durch eine endlose Weite aus gehaltlosen Wolken. Ich weiß, es gibt keinen Anfang und kein Ende. Es vergeht keine Zeit. Es ist alles Augenblick. Ich schwebe durch die Weite. Ich tauche in die Wolken ein, ohne sie zu spüren. Ich bin in ihnen und doch auch nicht. Alles um mich herum ist still und auch ich schwebe mit einer tiefen Ruhe in mir immer weiter. Ich weiß nicht, wo ich bin. Es hat auch keine Bedeutung. Nichts hat eine Bedeutung. Es ist alles selbstverständlich, so wie es ist. Ohne Vergangenheit und ohne Zukunft. Nicht einmal ein Jetzt. Oder ein Hier und Dort. Ein tiefer Friede umhüllt mich. Ich bin da. Hier bin ich richtig. Wahrhaftig. Immer weiter ströme ich durch die Leere. Der Raum hat kein Ende. Ich weiß es. Immer weiter und ohne Ende. Ich schwebe.

Vor mir in der Weite, doch ganz nah, in mir, sehe ich einen kleinen, hell leuchtenden Lichtpunkt. Der Punkt schwillt an. Ein Licht strahlend und schön.

Ich wünsche mich in dieses Licht hinein. Kraftvolle Energie, leuchtend und warm, umfängt mich. Ich bin angekommen. Aus dem Strahlen bildet sich eine Gewissheit in mir. Ich bin bei Paula. Ich weiß es. Paula. Paula ist bei mir, wie schon so manches Mal, seit ich sie gehen lassen musste. Voller Freude empfinde ich sie ganz nah bei mir. Eine tiefe Verbundenheit trägt uns. Es ist gut, alles wird gut. Jetzt erkenne ich ganz deutlich, wie sich ihre Energie aus dem Licht herauslöst. Ich weiß, dass sie das ist. Auch andere Energien scheinen bei ihr zu sein. „Papa, mir geht es gut", verstehe ich tief in mir. Ich bin erleichtert und wünsche mir, dass dieser Augenblick ewig andauert. Plötzlich bin ich mir sicher, dass sie mich nicht braucht. Sie ist nicht alleine. Ich soll bei ihrer Mutter und ihren Geschwistern bleiben. Da gehöre ich hin. Die strahlende Energie umfängt mich noch eine Weile und ich bin in Frieden mit allem. Dann löst sich das Licht von mir und wird immer kleiner, bis ich nur noch einen Punkt in der

Weite erkenne. Ich bin ganz erfüllt von der Begegnung.
Ich trage dieses Licht jetzt in mir. Die unbegrenzte
Weite tut sich wieder auf. Dabei wird sie schwächer.

Impulse

* Will ich leben? Wirklich leben? Woran merke ich
  es jeden Tag?

* Was würde ich anders machen, wenn ich wüsste,
  ich habe nur noch 12 Monate zu leben?

* Bin ich bereit, meine lieben Angehörigen gehen
  zu lassen, wenn „es so sein soll", wenn es Zeit
  für sie ist, zu gehen?

Du musst deiner Familie vertrauen – [...] und mir: mit dem du den Deal hast, gemeinsam nach Neuseeland zu fliegen!

04.
Das Versprechen

Dirk

Das Telefon klingelt. Cordula stellt das Handy auf Lauthören und legt es mir auf den Bauch. Ich höre Yuris Stimme und nicke. Cordula übersetzt meine Reaktionen für Yuri in Sprache.

„Lieber Papa," höre ich, „wie gerne würde ich deine Schmerzen abwenden, schlechte Gefühle von dir fernhalten. Liebend gerne würde ich z.B. den Schlauch aus deinem Hals entfernen.

WÜRDE!!!

Aber ich kann nicht, Mama, Lys, auch die Ärzte können das nicht. Das ist zu gefährlich im Moment. Du bist auf die Sauerstoffzufuhr noch angewiesen – noch!

Wir alle wollen von ganzem Herzen, dass du gesund wirst. Die Ärzte sagen: Du machst Fortschritte. Es wäre jetzt der falsche Zeitpunkt, aufzugeben.

Ich kann mir nicht mal vorstellen, was du durchmachst. Und bereits durchgemacht hast. Und alles kostet

Kraft. Du musst das Gefühl haben: Es wird nicht besser. Aber: Es wird besser!!

Was du schon überstanden hast!

Du wirst auch das überstehen!

Du musst deiner Familie vertrauen – Cordula – deiner Frau, die alles für dich tut auch in diesen schlechten Tagen; Lys – die so viel Stärke beweist und auch nicht aufgibt – und mir: mit dem du den Deal hast, gemeinsam nach Neuseeland zu fliegen!

Du musst uns dreien jetzt vertrauen!

Und du kannst uns vertrauen!

Jeden Schmerz würden wir von dir weisen – wenn wir es könnten. Du musst jetzt nochmal Stärke beweisen. Ich bitte dich! Ich verspreche dir, dass es besser wird.

Was in deinem Kopf vorgehen muss ... all die düsteren Gedanken und dazu Leid, Schmerz und Angst. Das ist nicht fair – echt nicht fair! Aber mit deiner Familie wirst du auch wieder andere Momente erleben. Schöne Momente. Momente, die du nicht verpassen möchtest. Momente, die Mama, Lys und ich nicht möchten, dass du sie verpasst.

Wenn wir gemeinsam alle etwas unternehmen, lachen, Geschichten von früher erzählen und Pläne für die Zukunft machen.

Und dann irgendwann?

Vielleicht werde ich heiraten und selbst Kinder bekommen. Vielleicht ist Lys da sogar unerwartet schneller als ich, wer weiß.

Und deine Frau – ihr wollt immer noch zusammen nach Madeira. Und ihr werdet dort auch hinkommen! Ganz sicher.

Halte jetzt durch!
Hör auf das Krankenhauspersonal.
Hör auf uns - auf deine Frau - halte durch und alles
wird gut. Du wirst dich wieder gut fühlen in deiner Haut,
lecker essen, lachen und Spaß haben.
Ich verspreche es dir als dein Sohn. "

Cordula nimmt das Handy und verabschiedet sich von Yuri.

Ja, denke ich, ich kann es schaffen.
Ich will leben.
Ich nehme den Kampf auf.

Impulse
* Warum lohnt es sich, dass ich lebe?

* Was gibt es noch alles zu erleben?

Seine Augen scheinen mir zu sagen: „Beende das Ganze!"

05.
Erhalte mein Leben, aber verlängere nicht mein Leiden

07.02.
4 Tage nach der Kunstherz-OP
<u>Cordula</u>

Ihr Lieben,
Dirk hat bis heute gebraucht, um wieder wach zu werden. Allerdings benötigt er noch zur Unterstützung einen Beatmungsschlauch. Der Schlauch drückt im Hals sehr und darunter leidet er unbeschreiblich. Er war heute sehr verzweifelt und verzagt.

Es wurde — wie geplant — ein Herzunterstützungssystem (Kunstherz) für die linke Herzkammer eingesetzt und auch für die rechte, diese allerdings extern und nur auf Zeit, damit sich die rechte Herzkammer erholt. Außerdem ist er auch noch an ein Dialysegerät angeschlossen, um die Niere zu entlasten. Die Ärzt*innen sagen, dass die Entwicklung

bis hierher zufriedenstellend, der Berg allerdings noch nicht überwunden sei.
Ohne diese ganzen Unterstützungssysteme würde er nicht mehr leben. Er braucht diese aber jetzt, um zu überleben.
Dirk braucht ungeheure Kraft, um dies alles auszuhalten und zu überstehen, die er eigentlich gar nicht mehr hat.

Liebe Grüße,
Cordula

—

Dirk ist wach geworden und total verzweifelt. Seine Augen scheinen mir zu sagen: „Beende das Ganze!"; „So habe ich es nicht gewollt."; „Ich habe dir vertraut und nun tu das Richtige ..."

Ich habe die „Generalvollmacht" für ihn und für sein Leben und merke jetzt erst richtig, was dies für eine erdrückende Verantwortung ist. Ich weiß, dass er diesen Zustand – totale Hilflosigkeit, nicht kommunizieren können, sich nicht mehr bewegen können, **lebensverlängernde** Maßnahmen, fixiert sein – auf keinen Fall wollte.

Doch nun sind dies **lebenserhaltende** Maßnahmen.
Auch ich bin verzweifelt, denke, dass er es bis hierher geschafft hat und das jetzt (noch) nicht der richtige Zeitpunkt ist, aufzugeben.

Ich frage seine beiden Herzspezialisten, ob sie noch Sinn

darin sehen. Sie sagen Ja (zu 30%), sie würden nicht die Hoffnung aufgeben. Ich versuche, Dirk gut zuzureden und ihm Mut zu machen. Doch ich habe das Gefühl, dass es bei ihm nicht so richtig ankommt. Es zerreißt mich innerlich.

—

08.02.
5 Tage nach der Kunstherz-OP
<u>Cordula</u>

Ihr Lieben,
lieben Dank, es tut gut, dich/euch im Rücken zu spüren!!!

Barbara müsste morgen eigentlich wieder nach Hause fahren, bleibt jetzt jedoch länger, worüber ich sehr dankbar bin (sie lässt sich morgen von unserem Hausarzt krankschreiben).

Ich kann noch nicht schlafen, obwohl ich eigentlich völlig erschöpft bin. Wir waren heute 5 Stunden bei Dirk, um ihn zu unterstützen. Wenn ich ihn richtig interpretiert habe, wollte er, dass ich veranlasse, ihn sterben zu lassen. Er war so verzweifelt. Zum Schutz davor, dass er nicht selbst seine Schläuche herauszieht, wurden seine Hände fixiert …

Es ist furchtbar, ihn so zu sehen.

Ich habe versucht, ihm zu erklären, dass es jetzt zu früh ist, aufzugeben und dass wir einen Plan hatten, und zwar, dass er überleben wollte. Danach schien er dann ruhiger zu werden … Andererseits habe ich von ihm den Auftrag, dafür zu sorgen, dass „Schluss" ist, wenn es nicht mehr für ihn geht (z. B. wenn er nicht mehr kommunizieren kann oder/ und gelähmt ist).

Sorry, wenn ich euch/dich jetzt damit zu sehr belaste, aber ich muss das Ganze irgendwie verarbeiten und dazu hilft es, zu schreiben. Gefühlsmäßig fühle ich mich im Moment wie abgeschnitten, doch das ist sicherlich auch ein guter Schutz. Nützt ja nichts, jetzt zusammenzubrechen.

Liebe Grüße,
Cordula

—

Liebe Cordula,
was kann ich dazu sagen, als eure Hoffnung zu unterstützen mit allen Gedanken. An Dirk und euch.

Was ihr leisten müsst, kann ich nur bewundern

und mit aller Kraft unterstützen.
Auch wenn es nur so wenig ist …

F.

—

Liebe Cordula,
vielen Dank für die Nachricht! Ich habe schon
sehr darauf gewartet und kann mir natürlich
gar nicht vorstellen, wie es ist, an so viele
Geräte angeschlossen zu leben und einen Beatmungsschlauch in der Luftröhre zu haben.
Ich hoffe, dass zumindest die körperlichen
Schmerzen durch Medikamente im Zaum gehalten
werden. Es tut mir sehr leid, dass ihn auch
die Behandlung so quält.

Ich bin in Gedanken und guten Wünschen auch
bei Dir/Euch, denn die Ungewissheit über den
Ausgang der Behandlung und das Miterleben und
Tragen von Dirks berechtigten Gefühlen ist
sicherlich auch für Euch schwer und braucht
Erholungsphasen …

P.

Impulse

* Wie bewusst bin ich mir der Verantwortung, die ich trage, wenn ich eine Patientenverfügung / Vollmacht für einen anderen Menschen übernehme?

* Welche medizinischen Informationen und Transparenz seitens des Personals brauche ich, um mit all der Unwissenheit, den Entscheidungen und Ängsten umzugehen?

* Habe ich Menschen in meinem Umfeld, die mich bei Entscheidungen über Leben und Tod unterstützen?

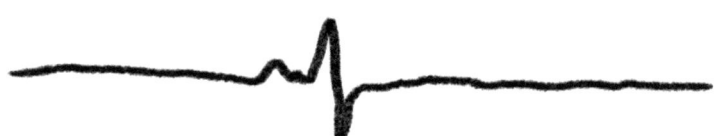

Und damit kann man überhaupt leben?

06.
Es begann ein Jahr zuvor

Dirk

Mir blieb öfters die Luft weg. Der Heuschnupfen beginnt früh dieses Jahr, dachte ich. Nachts im Liegen fiel mir auch das Atmen schwer. Weitere Gedanken machte ich mir nicht, da ich erst vor kurzem beim Gesundheitscheck war. Ich bekam Medikamente gegen Pollenallergie. Die Atemnot nachts wurde dennoch immer schwerer. Ständig musste ich mich aufsetzen, um Luft zu bekommen.

So ging es nicht weiter.

Cordula fuhr mich früh morgens in die Notaufnahme des nächstgelegenen Krankenhauses. Auch dort wurde zunächst der Diagnose Allergie gefolgt. Schließlich ließ der Arzt noch meine Lunge röntgen und kam mit der schlechten Nachricht zu mir: Wasser in der Lunge und das nicht gerade wenig. Er machte ein Herzecho und ließ mich auf den Bildschirm schauen. Nur minimale Bewegungen waren zu erkennen. Und damit kann man überhaupt leben? Ich hatte eine massive Herzschwäche.

Ich wurde stationär vier Wochen behandelt und bekam eine LifeVest verpasst. In dieser Weste ist ein Defibrillator integriert, der bei Ausfall der Herzfunktion einen starken Impuls abgibt, damit das Herz wieder anspringt. Diese Weste musste ich von nun an Tag und Nacht tragen.

Es schloss sich eine Reha an. Ich hatte immer noch Atemnot und schlich meist nur langsam über die Flure. Das war bei sich anschließenden Behandlungsterminen schon ein Problem. Ich bekam Gerätetraining, Atemtherapie, Sitzgymnastik und Schulungen über Ernährung und allgemeines Gesundheitsverhalten. Die Vorträge waren sehr allgemein gehalten und abgestimmt auf die üblicherweise hier vorkommenden Diagnosen. Ich fiel da etwas raus, musste aber dennoch teilnehmen. So lernte ich, dass ich mich salzarm ernähren solle. Bis sich nach einiger Zeit herausstellte, dass ich Natriummangel hatte und deshalb Salztabletten verordnet bekam.

Weil ich immer noch so schlecht Luft bekam, fiel mir alles schwer. Beim Essen im Speisesaal konnte ich mich nur mit Mühe mit den anderen unterhalten. So schloss ich die Reha mit mäßigem Erfolg ab.

Wieder zu Hause ging es mehr schlecht als recht. Einige Wochen später musste ich wieder in die Klinik. Das Röntgen ergab, dass ich immer noch Wasser in der Lunge hatte. Was natürlich meine weiter bestehende Atemnot erklärte.

Ich wurde punktiert.

Dazu wurde eine Kanüle seitlich in die Lunge eingeführt, durch die das Wasser abfließen konnte. Ungefähr zwei Liter kamen heraus. Ich bemerkte sofort die Veränderung. Ich bekam viel besser Luft, konnte mich freier bewegen und besser gehen.

Es begann eine Phase des Aufstiegs und ich wurde in der Folge viel mobiler. Es war nicht mehr alles so anstrengend. Wir unternahmen wieder kleinere Touren. Ich dachte sogar auch darüber nach, wieder zu arbeiten. Wenn es weiter so voranging, weshalb nicht? Wir waren voller Hoffnung.

Im Oktober verbrachten wir ein paar Tage auf Rügen, bei Sonnenschein, aber sehr kaltem Wind. Die Kälte ging mir durch bis auf die Knochen und ich spürte schon, dass meine Kräfte abnahmen.

Ich wurde schwächer und schwächer, so dass ich über den Jahreswechsel viel liegen musste.

Im Januar wurde ich im Krankenhaus aufgenommen. Es ging dann alles sehr schnell. Es war ein regelrechter Absturz.

Ich sehe mich im Zimmer um.
Tatsächlich, es sind dieselben Möbel, wie ich sie aus meinen
früheren Zimmern kenne.

07.
Wo bin ich?

Dirk

Durch meinen Dämmerschleier höre ich die Stimme der Ärztin. Sie sitzt bei mir am Bett. Ich versuche, meinen Kopf etwas in ihre Richtung zu drehen. Wirklich anschauen kann ich sie nicht. „Wir haben den Druck in Ihrer Beatmung erhöht. Ihre Lungenbläschen sind immer noch entzündet. Wir hoffen, dass sie dadurch ausheilen und Sie kein Blut mehr spucken." Ich nicke. „Fragen?" Wenn ich Fragen hätte, könnte ich sie sowieso nicht stellen. „Gleich kommt jemand und macht ihr Bett." Ich nicke wieder.

Eine Krankenpflegerin mit einem Stapel Bettwäsche kommt ins Zimmer. Sie legt ihn auf einem kleinen Rolltisch ab und geht wieder raus. Kurze Zeit später kommt sie mit einer Schüssel und Handtüchern wieder. Sie schließt die Zimmertür. Nachdem sie kurz zu mir gesprochen hat, nimmt sie meine Bettdecke weg und fängt an mich zu waschen. Ich spüre die Wärme des Wassers, kräftige angenehme Bewegungen auf meiner Haut und trotz Nasensonde rieche ich frische Seife. Auf meinem Bauch und der Brust sind – ich ahne es mehr, als dass ich es sehe – Verbände, um die sie herum wischt. Die Beine hoch und runter und dazwischen. War da nicht mal was? Sie scheint sich vorher Hilfe organisiert zu haben, denn es kommt ein Kollege und gemeinsam drehen sie mich auf die Seite, um den Rücken zu waschen. Dann wird mit hin und her Rollen das Bett neu bezogen. Die Kabel um mich herum werden neu sortiert und die Steckverbindungen überprüft.

Ich bin wieder allein.

Ich höre das Piepen der Geräte und manchmal ein Geräusch vom Flur. Ich schaue auf die Uhr. Es ist 9 Uhr vormittags. Ich überlasse mich meinen Gedanken.

Als ich wieder auf die Uhr schaue, steht der Zeiger auf halb 12. Ist es immer noch vormittags? Oder schon nachts? Aber dann war Cordula ja gar nicht da. Sie wollte doch wiederkommen.

Ich warte.

Ich spüre wenig von mir. Nur den Kopf, insbesondere den Mund wegen des Drucks der Beatmung und meine Arme und Hände. Ich werde nicht mehr festgebunden. Sie denken wohl mittlerweile, dass ich den Beatmungsschlauch nicht rausziehen werde. Sie geben mir bestimmt genügend Tranquilizer. Kraft zum Widerstand habe ich jedenfalls nicht mehr. Ich kratze mich an der Nase. „Guten Morgen", ruft sie von der Zimmertür. Eine Pflegerin schiebt einen großen Behälter vor sich her und stellt ihn neben mein Bett. Dann führt sie einen Schlauch zu meiner Brust und ich höre am Piepen, dass sie verschiedene Tasten drückt. Dann geht sie wieder. Ich beobachte den Sekundenzeiger. Ein paar Minuten halte ich durch, dann versinke ich wieder in meine Welt. Der Zeiger steht auf halb zwei, so still wie die Zeit, die nicht vergehen will. Wenn Cordula dann kommt, schlafe ich bestimmt wieder ein. Und schon ist der Krankenpfleger mit der Spritze da. Er kontrolliert alle Geräte und das Bett. „Nachher kommt bestimmt wieder Ihre Familie."

Es soll sich aufmunternd anhören. Aber ich weiß, dass er mir gerade wieder Tranquilizer gegeben hat.

Ich starre in den Raum. Der Zeiger der Uhr steht auf halb drei. Da höre ich es schon. Das Klackern. Die Absätze der Schuhe von Cordula. Und schon öffnet sich die Tür. Sie und ihre Schwester Barbara strahlen mich an. Ich spüre ihre Haut an meinem Gesicht. Stolz präsentieren sie mir einen großen Zettel in einer Klarsichthülle. Aufgedruckt sind die Buchstaben des Alphabets, erklären sie mir – jetzt könne ich buchstabieren, was ich sagen will. Sie halten den Zettel über meine Brust. Ich hebe meine Hand und versuche, mit zittrigem Zeigefinger einzelne Buchstaben zu treffen. Anfangs scheint es ein Kauderwelsch zu geben, denn sie verstehen nicht, was ich sagen will. Ich versuche es weiter, mit Pausen zwischen den einzelnen Wörtern. Und lasse ihnen Zeit, das Wort zu erkennen. Sie beginnen das, was sie verstanden haben, laut auszusprechen. Ich nicke, wenn sie richtig liegen. „Welcher Tag ist heute?" Sie nennen mir den Tag.

So lange bin ich jetzt schon im Krankenhaus?

Ungläubig versuche ich den Anschluss an die vergangene Zeit zu finden. Ich bin jetzt schon über zwei Wochen hier. Was ist mit meinem Leben, das ich vorher hatte? Ich bin jetzt in einer anderen Welt. Vor- oder nachmittags, will ich wissen. Die Antwort kommt schon ein wenig verwundert: nachmittags natürlich. Eine weitere Frage muss ich unbedingt stellen. Ich will die Wahrheit wissen. „Wo bin ich?" Als sie die Frage verstanden haben, schauen sie zuerst mich und dann einander erstaunt an. Blicke werden getauscht. Ich mache mich auf das Schlimmste gefasst. „In der Uni-Klinik. Du bist nur in einem anderen Zimmer, aber immer noch auf derselben Station." Als ich die Antwort vollständig erfasst habe, macht es „klick" in mir.

Ich sehe mich im Zimmer um.

Tatsächlich, es sind dieselben Möbel, wie ich sie aus meinen früheren Zimmern kenne. Die gleichen Farben auf Unterlagen und Geräten. Das gleiche Logo. Wie in einem Kaleidoskop, das man nur einen Millimeter dreht, verändert sich in mir das ganze Bild. Ja, ich nicke, ich habe verstanden. In der Uni-Klinik. Ich bin gar nicht abgeschoben. Mir wird geholfen. Es stimmt alles wieder. Ich drücke die Hand von Cordula und ziehe sie zu mir heran. Tränen in den Augen. Ich will sie jetzt spüren. Lange halte ich sie so fest, bis sie sich freimachen will, weil ihr Rücken vom Runterbücken schmerzt. Dann will ich weiter buchstabieren. Lange Sätze. Es dauert, bis ich verstanden werde.

„Wenn die Pflegekräfte etwas bei mir machen, sollen sie vorher an mein Bett treten, mich begrüßen und mir sagen, was sie vorhaben, bevor sie anfangen." Barbara organisiert einen kleinen Zettel, schreibt meinen Wunsch mit freundlichen Worten auf und legt ihn zu meiner Patientendokumentation.

—

14.02.

10 Tage nach der Kunstherz-OP
Cordula

Die nächste Zeit ist für uns alle kaum auszuhalten: einmal die Ungewissheit, ob Dirk tatsächlich überleben wird, und diesen Zustand mit diesem Leid und dieser Tortur, die Dirk zu ertragen hat, mitzuerleben. Immer wieder betonen wir dies auch vor den Ärzt*innen. Er ist jetzt etwa eine Woche am Beatmungsschlauch und wird deshalb immer noch an den Händen fixiert. Es wird befürchtet, dass er ihn in seiner Qual oder im Delirium herausziehen könnte. Ich spüre, dass er mir das sehr übel nimmt.

Eines Tages, Lys, Barbara und ich stehen wieder an seinem Bett, spuckt Dirk plötzlich ganz viel Blut – gefühlte Liter. Gerade in diesem Moment ist weit und breit niemand vom Pflegepersonal zu sehen. Wir finden keinen Alarmknopf. Barbara ruft. Als niemand reagiert, geht sie los, um nach Hilfe zu suchen. Während Lys und ich mit Tüchern versuchen, das aus seinem Mund quellende Blut aufzufangen, bewundere ich, wie tapfer und handlungsfähig Lys in diesem Augenblick ist – und mich bedrückt, was sie alles als Tochter zu ertragen hat.

Später erklärt man uns, dass das Blut spucken „nicht so schlimm" sei, es gäbe wohl – unter anderem vom Beatmungsschlauch und der Magensonde – Verletzungen an der Magenschleimhaut.

Irgendwann wird der Schlauch endlich entfernt und Dirk wird über einen Luftröhrenschnitt beatmet, was ihm schon eine erste Erleichterung verschafft. Nun kann er endlich wieder trinken! Jedoch weiterhin nicht sprechen und sich nicht verständigen zu können, ist für Dirk schwer zu ertragen.

Yuri, Lys, Barbara und ich rätseln nach einer Verständigungsmöglichkeit und uns fällt ein, wie Elaine Mason dieses Problem für Stephen Hawking gelöst hatte, bevor dieser seinen Sprachcomputer bekam. So unternehmen wir den einfacheren Versuch, Dirk auf der iPad-Tastatur schreiben zu lassen, was leider misslingt. Er kann die Buchstaben kaum erkennen und seine Hände sind zu zittrig, um die richtigen Tasten zu treffen.

Als Nächstes probieren wir es mit einem Alphabet, das wir auf einem Din-A4-Blatt in eine Tabelle eingetragen haben. Wie eine Art Tastatur, so dass er mit dem Finger buchstabieren kann. Seine erste Frage ist: „Wo bin ich?" Als ich ihm sage, er sei immer noch in der Uni-Klinik, scheint er erleichtert. Mir wird erst jetzt deutlich, wie stark seine Orientierungslosigkeit war! Dann fragt er nach dem Datum und später, ob er Tranquilizer bekäme. Diese Frage stellt er in den nächsten Tagen häufig. Ich ahne, dass diese Frage eher noch etwas Paranoides hat und versuche ihm zu erklären, dass er aufgrund seiner körperlichen und psychischen Belastung auch Beruhigungsmittel bekommt. Und dass es wichtig ist, damit er auch gut schlafen kann. Er wirkt zwischendurch sehr skeptisch.

Die Verständigung über das Alphabet geht immer besser. Wir merken, dass Dirk anfängt, wieder die Kontrolle über das Geschehen – soweit wie möglich – für sich herzustellen. So macht er seinen Wunsch deutlich, die Ärztinnen und Ärzte sollen nicht nur mit mir sprechen, sondern auch mit ihm. Auch das Pflegepersonal möge ihn bitte ansprechen, bevor sie etwas mit ihm täten, z. B. ihn umlagern. Es dauert eine Weile, bis das Personal versteht, dass es einen mündigen Patienten auf ihrer Intensivstation hat; der überwiegende Teil der Patient*innen dort ist eher komatös. So wird Dirk mit der Zeit der besondere Patient der Station.

—

Lys

Barbara, Mama und ich sind wieder zu Besuch bei Papa. Plötzlich ist da nur noch Blut. Dunkelrot, dickflüssig. Es kommt alles aus Papas Mund. Regelrecht ein Schwall an Blut. Das Personal ist wenige Minuten vorher aus dem Zimmer getreten und hat die Tür zum Flur verschlossen – was sie bisher nie getan haben – um irgendetwas zu besprechen. Barbara versucht ihnen zu signalisieren, dass wir sie brauchen. Da sie sich nicht regen, eilt sie jedoch schnell zurück zu uns. Mama und ich haben derweil Papiertücher organisiert, um das Blut wegzuwischen. Papa erstickt doch, er erstickt!!! Es hört nicht auf, so viel Blut. Panik und Furcht rangeln in meinem Kopf mit nüchternem Funktionieren. Letzteres siegt, wie schon seit Wochen. Wir drei versuchen, irgendwie Kontrolle über etwas zu erlangen, was wir nicht kontrollieren können. Papa schaut uns mit weiten Augen an, ist aber ruhig dabei, so als würde er auch nicht erfassen können, was hier gerade passiert. Mit einem Tuch nach dem nächsten fangen wir Blut auf. Gleichzeitig wird mir klar, er erstickt davon nicht, er wird doch künstlich beatmet. Wie konnte ich das vergessen.

—

16.02.
12 Tage nach der Kunstherz-OP
Cordula

Ihr Lieben,
ich möchte euch heute wieder erzählen, wie es Dirk geht.

Nun sind schon zwei Wochen seit seiner OP vergangen und uns allen ist das Zeitgefühl etwas verloren gegangen. Dirk hatte aufgrund seines Herzversagens multiples Organversagen. Sein Zustand verbessert sich nun, aber in winzigen Schritten.

Neben seinem Herzunterstützungssystem für die linke Herzkammer, das er nun sein Leben lang tragen wird, ist er noch an einem Unterstützungssystem für die rechte Herzhälfte angeschlossen, was jedoch allmählich „runtergefahren" wird. Eine gute Nachricht ist, dass die rechte Herzseite nun anfängt, diese Aufgabe wieder langsam selbst zu übernehmen.

Außerdem ist er an ein Dialysegerät angeschlossen und wird noch mittels Beatmungsschlauch (inzwischen per Luftröhrenschnitt) bei der Atmung unterstützt. Heute fing er mit einem Atemtraining an, wobei für eine Zeit lang das Gerät sozusagen abgeschaltet wurde. Das klappte schon ganz gut – ein weiterer kleiner Schritt!! Die Leber erholt sich langsam und er wird künstlich ernährt.

Wegen der Beatmung und des Luftröhrenschnitts kann Dirk immer noch nicht sprechen. Deshalb haben wir das Alphabet auf ein Din-A4-Blatt abgedruckt. Er zeigt auf die Buchstaben und wir lesen mit; so kann er sich zum Glück verständlich machen. Die Ärzt*innen und das Pflegepersonal sagen, es ist sehr besonders, dass Dirk in seinem Zustand so klar ist und so gut kommunizieren kann – so einen Patienten erleben sie auf der Intensivstation selten.

Gleichzeitig wird uns auch immer wieder deutlich gemacht, dass Dirk immer noch nicht über den Berg sei; dennoch sind wir im Moment alle sehr zuversichtlich. Er hat so einen starken Überlebenswillen und „Kampfgeist".

Dies ist nur ein kleiner Bericht über den augenblicklichen Ist-Zustand. Jeder Tag bringt so viele Neuigkeiten – ich könnte Seiten darüber schreiben, was alles los war.

Meine Schwester bleibt noch bis Samstag bei uns und Lys, Yuri und ich sind nahe zusammengerückt und sind uns gegenseitig große Stützen – Dirk und ich haben tolle Kinder, sie (er)tragen alles so super tapfer (ein anderes Wort fällt mir gerade nicht ein, aber das trifft es am ehesten).

Liebe Grüße und DANKE für eure lieben Mails, die wir von euch bekommen,
Cordula

—

Liebe Cordula,
ich hatte Dirk ja nun doch zwei Wochen nicht gesehen und die Diskrepanz zwischen seinem klaren Geist und seinem körperlichen Zustand ist im Umgang schon eine Herausforderung bzw. brauche ich etwas Zeit, mich darauf einzustellen. Ich glaube, er war gestern schon ganz erschöpft. Für mich nicht ganz einfach einschätzbar, ob es gut ist, einfach da zu sein oder zu gehen. Aber Dirk hat da gut für sich gesorgt. Zum Glück hat ja keiner Übung mit solchen Situationen und es ist ein gegenseitiger Balanceakt und Unsicherheiten dürfen auch ihren Platz haben. Ich habe mich einfach sehr gefreut, ihn zu sehen und trotz allem Dirk zu erkennen.

Das ABC-System ist ganz wunderbar – oft erkennt man die Worte schon.

Liebe Grüße,
Katharina

—

Dirk

Eine Ärztin kommt herein. Cordula lotst sie so an die Seite meines Bettes, damit ich verstehen kann, was gesagt wird. Sie erklärt, dass am nächsten Tag der Tubus rausgenommen wird und ich durch einen Luftröhrenschnitt beatmet werde. Cordula fordert sie auf, zu mir zu sprechen. Ich könne jetzt auch antworten. Dabei zeigt sie auf die Buchstabentafel. Die Ärztin wirkt interessiert. Ich will tippen: „Wann kann ich was trinken, ich habe einen trockenen Mund." Die Ärztin verbindet schnell die einzelnen Buchstaben zu Wörtern – nicht jeder kann das so, werde ich in nächster Zeit feststellen. Es braucht auch ein paar Tage, bis alle erfahren haben, dass die umständliche Buchstabiererei hilft und nicht nur aufhält. Ich werde lernen, dass ich bei Ärzt*innen höchstens drei Fragen habe. Also immer das Wichtigste gleich zuerst. Mit viel Ungesagtem bleibe ich auch weiterhin allein. „Ja," erwidert sie, „danach kann ich vorsichtig wieder mit etwas Trinken anfangen. Und bald auch mit dem Sprechen durch die feuchte Nase." Prompt folgt eine getippte Frage. „Die feuchte Nase", erwidert sie, „heißt nur so, weil sie die Atemluft befeuchtet." Durch einen kleinen Aufsatz kann ich später zeitweise auch wieder sprechen, wenn auch etwas nuschelig. Ich kann es kaum glauben, dass ich die Beatmung im Mund wieder loswerde. Und wieder trinken und sprechen. Als die Ärztin wieder gegangen ist, freuen wir uns weiter.

Abends bin ich wieder meinen Gedanken überlassen und warte auf die Nachtwache. Erst nach ihrer Runde kehrt etwas Ruhe ein. Ich versinke dann tiefer in meine Gedankenwelt. Oft weiß ich nicht, ob ich geträumt habe oder ob ich es wirklich erlebt habe. Ich bin immer noch in der Uni-Klinik. Ich weiß jetzt, dass das stimmt. Es fühlt sich alles wieder so richtig an. Ich bin sehr erleichtert und wie befreit. Die Tür wird aufgerissen und hektisch wird ein Bett reingeschoben. Krankenpfleger*innen, Ärzt*innen und Notfallsanitäter*innen eilen hinterher. Der Mann im Bett wird untersucht, Geräte werden angeschlossen, Anweisungen gegeben. Ich werde in meinem Bett etwas zur Seite geschoben, damit mehr Raum für die Geräte ist. Ich kann meinen Kopf nicht genug drehen, um wirklich etwas zu sehen. Ich schnappe einige Sätze auf. Offensichtlich soll mein Bettnachbar noch in dieser Nacht operiert werden, wenn sich irgendwelche Werte nicht bessern. Dann sind plötzlich alle wieder verschwunden. Nur ein neues Piepen mischt sich in die nächtliche Ruhe. Eine Krankenpflegerin kommt herein. Sie hat Bettwäsche dabei und bezieht die Decke neu. Ich werde nicht beachtet. Um mich geht es diesmal nicht. Irgendwann versinke ich in meinen Schlaf. Spät in der Nacht werde ich wach, weil mein Zimmernachbar herausgeschoben wird. Jetzt bin ich wieder allein.

Einen oder einige Tage später wird versucht, ob ich in der Lage bin, wieder ausreichend selbstständig zu atmen. Dazu setzt sich eine Ärztin zu mir ans Bett, erklärt, was passieren wird. Eine halbe Stunde ungefähr soll ich selber atmen. Da ich etwa seit drei Wochen beatmet werde, kann der Körper den automatischen Atemreflex vergessen haben. Deshalb soll ich mich konzentrieren. Und sie passt auf mich auf. Außerdem wird die Atemhilfsmuskulatur schwach sein. An den Teil, der in meiner Luftröhre steckt, wird etwas geschraubt, dann atme ich plötzlich selber. Ganz bewusst atme ich ein und aus. Es geht! Ein und aus. Ich atme wieder selbstständig! Ein und aus. Mit der Zeit merke ich die Anstrengung und nach der halben Stunde ist es auch genug. Die Ärztin ist zufrieden. Ich allemal. Da habe ich heute Nachmittag für Cordula gleich etwas zu tippen.

Später werde ich über längere Zeiträume selbstständig atmen. Die Beatmung ist dann so eingestellt, dass sie mich unterstützt, falls ich nicht genug Sauerstoff bekomme. Dies bedeutet jedes Mal einen Kampf: Ich soll einfach in Ruhe atmen, so, wie ich es möchte. Aber die Maschine hat ihren eigenen Willen. Ich kämpfe jedes Mal mit ihr um meinen Rhythmus. Und habe das Gefühl, gleich werde ich ersticken. Die Luft reicht nicht. Immer wieder sagen mir die Ärzt*innen, ich solle einfach loslassen, die Maschine würde sich anpassen. Meine Erfahrung sagt etwas anderes. So kämpfe ich weiter, bis sich die Maschine und ich geeinigt haben.

Impulse

* Gehe nicht davon aus, dass dein/e Angehörige/r nach dem Erwachen aus einer schweren OP orientiert ist. Erkläre ihr/ihm, dass sie/er operiert wurde, warum sie/er jetzt beatmet wird, Medikamente bekommt, womöglich fixiert ist.

* Sage bei jedem Besuch, welcher Tag und wie spät es ist.

* Fordere das Personal dazu auf, direkt mit den Patient*innen zu sprechen (auch bei der Visite) - laut, langsam und deutlich. Sprecht in ihrem Beisein nicht über sie, sondern zu/mit ihnen!

* Welche Möglichkeiten der Verständigung gibt es, wenn die Sprache fehlt?

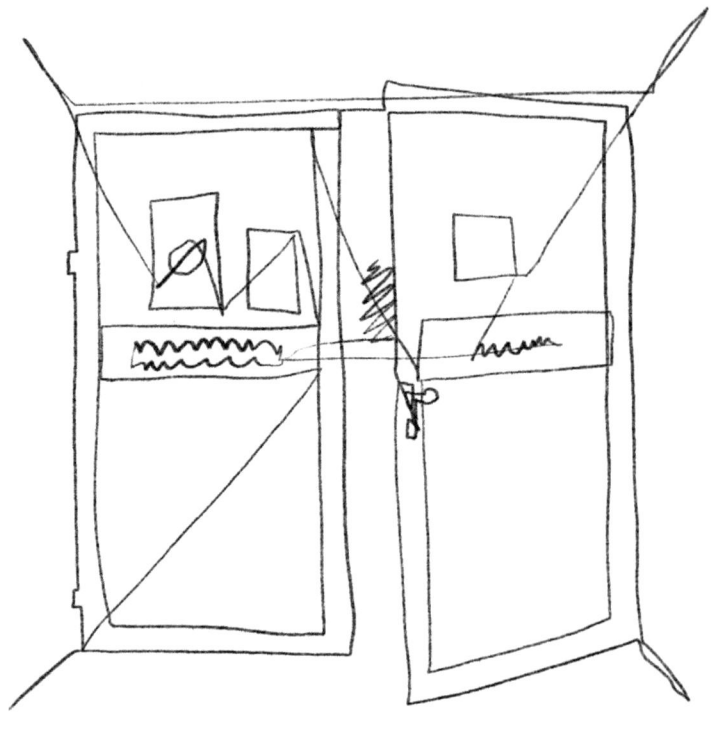

Das Tor in eine andere Welt.

08.
Parallelwelten

20.02.

17 Tage nach der Kunstherz-OP

Cordula

In dieser Zeit findet unser Leben wie in einer Parallelwelt statt. Zum Glück konnte Barbara ihren Aufenthalt bis heute verlängern und uns durch ihr Dasein nicht nur mit Kochen und alltäglichen Erledigungen sehr unterstützen. Besonders auch, indem sie mir Telefonate abnimmt und versucht, Freunde und Freundinnen von Dirk zu erreichen. Sie begleitet Lys und mich fast täglich ins Krankenhaus, so dass das Pflegepersonal von der Intensivstation schon sagt: „Da kommen wieder die Drei." Sie schreibt „Auftragszettel" von Dirk für das Pflegepersonal: „Bitte sprechen Sie Herrn Huckhagel direkt und laut genug an." Und sie ist einfach da, um uns beizustehen und mit uns zu bangen und zu hoffen. Lys ist unwahrscheinlich tapfer und bodenständig; neben ihrem Job kommt sie mindestens jeden 2. Tag mit ins Krankenhaus oder fährt allein dorthin, wenn ich mal eine Pause einlegen muss. Yuri ruft regelmäßig an und kommt am Wochenende her. Katharina besucht Dirk mehrmals wöchentlich und ist ihm und mir dadurch eine große Unterstützung. Und den Freundeskreis im Rücken zu spüren, tut einfach unwahrscheinlich gut. Eine Woche nach Dirks OP hatte ich meine Praxistätigkeit wieder aufgenommen und ich habe gemerkt, dass mich dies stärkt; denn die Besuchszeiten im Krankenhaus saugen ungeheure Energien auf.

—

Yuri

Endlich ist Wochenende und ich befinde mich auf dem Weg zur Uni-Klinik. Unter der Woche schaffe ich es einfach nicht, Papa zu besuchen. Dafür haben wir regelmäßig telefoniert: Ich verabrede mich dafür mit Mama für eine bestimmte Uhrzeit, wenn sie gerade bei ihm ist, und rufe dann an. Meistens erzähle ich von meinem Tag oder was ich so vorhabe. Das mit der ABC-Tafel klappt natürlich nicht über Telefon, daher beschreibt mir Cordula, wie Dirk auf mein Gesagtes reagiert.

Ich bin eigentlich kein großer Erzähler, meine Geschichten fallen knapp und präzise aus. Ich möchte niemandes Zeit verschwenden und beschränke mich häufig auf das aus meiner Sicht Wesentliche. Aber hierbei geht es nicht um mich. Und es geht auch nicht wirklich darum, was ich erzähle und wie spannend dies wohl sein mag. Hier geht es um Ablenkung. Darum, dass mein Vater aus der Welt entfliehen kann, in der sein Team und er gerade um sein Leben kämpfen. Um seinem neuen Alltag zu entkommen – wenn auch nur für wenige Momente – erzähle ich von meinem: dem herben Duft des frisch aufgebrühten Kaffees am Frühstückstisch; dem kalten Februar-Wind, wie er einem durch den morgendlich gerade erwachenden Körper fährt. So fies, dass man ihn eigentlich wegwünschen möchte, wenn die Luft nicht so klar und so erfrischend wäre. Dem sich gegenseitig jagenden Eichhörnchenpärchen, das ich gerne an der immer selben Stelle auf dem Weg zur Arbeit beobachte.

Nun sitze ich also im Auto meiner Mutter. Sie hat mich vom Zug abgeholt und wir fahren gemeinsam zu Papa. Ich schaue aus dem Fenster. Dort draußen spielt gerade noch das eigentliche Leben. Das Treiben in dieser Welt, es gibt Hoffnung. Die Routinen und Alltäglichkeiten, die einen sonst so manches Mal auch anödeten, zu ihnen will man zurückkehren. Ich frage mich, wie oft ich bereits unwissend Menschen begegnet bin, die gerade Ähnliches oder anderes durchleben mussten. Die wie im Tunnel durch die Welt da draußen in die Welt da drinnen wandeln. Ich beschließe zukünftig noch achtsamer zu sein, um den Wandelnden ihren Weg zu erleichtern.

Meistens unterhalten wir uns unterwegs zum Krankenhaus. Mal erzählt sie über die wichtigen nächsten Schritte bei Papa, mal reden wir über Gott und die Welt. Doch je näher wir der Brücke in diese andere Parallelwelt kommen, desto stummer werden wir. Diese nicht unbedingt traurige, aber doch bedrückende Stimmung hält langsam wieder Einzug. Wir kennen sie bereits und haben uns an sie gewöhnt: Gleich sind wir da.

Lange, karge Krankenhausflure führen uns zu jenem Übergang, jeder einzelne Schritt mal von tausend Gedanken begleitet, mal von absoluter Leere gefüllt. Da ist er, der Vorraum der Intensivstation. Der Blick richtet sich auf eine nüchterne, aber kräftige Tür. Es ist eine große Tür, mehr ein Tor. Das Tor in eine andere Welt. Vergeblich sucht man nach einem Griff. Stattdessen hat sie nur eine Klingel. Das Tor dient nur einem Zweck: Kontrolle. Die Parallelwelt, die wir gleich betreten werden, ist kompromisslos, routiniert und spielt nach ihren eigenen Regeln. Die Prioritäten, sie sind dort andere: Dort drinnen geht es nicht um ein erfülltes, ausgelassenes, freies Leben. Es geht einfach nur um Leben. Um Überleben. Deshalb spielen unsere Gefühle mit dieser zermürbenden Situation nur eine nebensächliche Rolle. Die vielen Menschen, die hier jeden Tag ihr Möglichstes geben, um Leben zu retten, sie haben sich dieses Universum mit ihren Regeln und Geboten so aufgebaut, wie sie es benötigen. Um das Chaos von Leben und Tod zu bändigen, und um die eigene Seele zu schützen. Solange sie mit Herz meinem Vater eine Überlebenschance erkämpfen, haben sie meine volle Kooperation.

Ich betätige die Klingel und wir warten, ohne zu wissen, ob das Klingeln überhaupt gehört wurde. Das kann jetzt dauern.

Wie lange? Das weiß man vorher nie.

Die bereitgestellte Sitzgruppe ist leer. Überhaupt kommt hier sehr selten jemand vorbei. Wir setzen uns, starren auf die Tür oder unsere Handys. Mal wieder blicke ich auf die Uhr: Es ist jetzt 14:26 Uhr. Um 14 Uhr waren wir mit Dirk verabredet. Seitdem ist nichts passiert. Die Besuchszeiten sind als „ab 14 Uhr" angegeben – „ab 14 Uhr" ist jedoch alles. Plötzlich hören wir etwas. Die Tür geht auf! Schwerfällig öffnen sich die Flügel zu beiden Seiten. Holt uns jemand ab? Ein Pfleger schiebt in schnellem Tempo ein leeres Bett aus den Fluren der Intensivstation. Die Tür ist gerade so weit geöffnet, dass das Bett durchpasst, da schreitet er bereits an uns vorbei. Ein kurzes, verhaltenes Lächeln, um zu zeigen, dass wir nicht unsichtbar sind, da ist er schon um die Kurve verschwunden. Dem leiser werdenden Knirschen der Rollen auf dem Boden folgt wieder diese unbändige Stille. Dies ist die neue Routine, in der Cordula und Lys jetzt leben, denke ich. Ich erlebe dies nur unregelmäßig am Wochenende, sie sind fast jeden Tag hier. Müssen hier jedes Mal darauf warten, bis sie zu Dirk in dieser anderen Welt dürfen.

Dann wird endlich die Tür geöffnet und wir dürfen auf die Station. Doch auch im „Empfang" heißt es noch, man möge bitte warten, wir können noch nicht zu ihm. Wieder nicht wissen, warum und wie lange (gibt es vielleicht Komplikationen?). Die Sorge ist immer dabei. Manchmal werden wir auch wieder weggeschickt: „Es wird noch dauern, gehen Sie mal ruhig noch ins Café."

—

Lys

Im Laufe der Wochen nimmt der Durchgang zur Intensivstation, zu Papas Zimmer, immer mehr Präsenz und Relevanz in unserem Alltag ein. Ab und an besuche ich Papa alleine, damit Mama, die sonst nahezu jeden Tag da ist, zumindest zeitweise Kräfte sparen kann. Es ist nochmal ein völlig anderes Gefühl, alleine auf die Erlaubnis zum Eintritt zu warten. Dieses „Ausgesetztsein" in diesen Momenten alleine zu tragen. Das Gefühl der Machtlosigkeit gegenüber so einer banalen Sache wie einer Tür ...Ich klingel, warte und warte.

Wie viel Zeit ist vergangen, 30 Minuten? – Ich darf rein! Das ist ja schon bald ein Rekord-Tief. Ich gehe schnellen Schrittes die Flure entlang und freue mich auf Papa. Als ich in sein Zimmer biege, ist jedoch gerade ein Pfleger mit ihm beschäftigt. Ich kriege sofort ein im Tonfall eher unfreundliches „Es passt jetzt nicht, kommen Sie in einer Stunde wieder" zu hören. Okay. Warum fühlt sich das wie ein Schlag ins Gesicht an. Papa versucht den Pfleger noch, nahezu bettelnd, davon zu überzeugen, dass ich doch bleiben könne und nicht störe.

Klares Nein.

Es bleibt nichts übrig, als dies zu respektieren, also gehe ich ins Café und hoffe, dass ich in einer Stunde nicht wieder weggeschickt werde. Trotz großer Wertschätzung gegenüber der Arbeit des Pflegepersonals, bin ich frustriert, wütend, hilflos.

Traurig, für mich und für Papa.

Ein anderer Tag. Ich warte wieder vor der Tür. Alleine. Als es summt und ich reingelassen werde, kommt mir am anderen Ende des Flurs ein Pfleger entgegen. Er schiebt ein Krankenbett vor sich. Es ist mit einem Tuch bedeckt, in diesem typischen Krankenhauskittel-Dunkelblau. Darunter zeichnet sich eine menschliche Silhouette ab, sanfte Gesichtszüge. Völlig reglos. Ist das mein Vater? Nein, wir hätten doch schon telefonisch Bescheid bekommen! Bevor mich der Pfleger mit dem Bett kreuzt, mache ich ihm in dem schmalen Flur Platz und senke den Blick. Ich gehe weiter in die Intensivstation hinein. Alles ist still und stumm. Höre ich überhaupt meine eigenen Schritte? Denke ich irgendetwas? Ich weiß es nicht. In Papas Zimmer angekommen, dreht er den Kopf und schaut zu mir. Durchatmen. Er lebt.

—

Cordula

Die Aussage vom Krankenhauspersonal „Bitte noch einen kleinen Moment" bekommt eine völlig andere Bedeutung: Wie lange dauert eigentlich „ein kleiner Moment"? Nach unseren Erfahrungen kann die Dauer eines Momentes zwischen 5 Minuten und 2 Stunden variieren!

Ich wusste bis hierher nicht, wie zermürbend „ein Moment" sein kann. Oft versuche ich, diese Zeit zu nutzen, mit Dirks Ärzt*innen zu sprechen. Auf jeden Fall ist die gesamte Situation sehr, sehr kräfteraubend und unser Zeitgefühl ist gänzlich durcheinander.

—

Irgendwann
Lys

Ich bin auf der Arbeit. Sehe auf meinem Handy die vielen verpassten Anrufe von Mama und Barbara ... Wie stellt ihr euch das vor?! Ich muss Kund*innen bedienen, bin alleine im Laden. Ihr wisst das. Ich kann hier nicht weg.

Ich KANN nicht!

Könnt ihr nicht warten, bis ich zuhause bin?! Oder zumindest, bis ich Feierabend habe?

Meine Gedanken kreisen sich nur noch darum. Wie gelähmt bediene ich weiter die Kund*innen. Mit nettem Lächeln und Freundlichkeit begegne ich ihnen. Zähle die Minuten. Im Kopf nur die Frage „Ist mein Vater gerade kollabiert? Ist er tot?" Ein bis zwei Stunden vergehen. Der Feierabend ist bald in Sicht. Dann kann ich nach Hause.

Plötzlich eine SMS von Mama: „Du Liebe, was möchtest du zum Abendessen? Wir fahren gleich einkaufen. Kuss, Mama".

Das?! Nur das war es?! Könnt ihr euch nicht denken, wie das auf mich wirkt, wenn ihr etliche Mal versucht, mich anzurufen – in dieser Situation?!

—

Cordula

Eines Tages (wann war das eigentlich ...?!) klingelt das Telefon; eine Ärztin der Intensivstation sagt, Dirk hätte

Herz-Rhythmusstörungen und wir sollten sofort kommen. Barbara und ich lassen alles fallen und fahren schnell und mit extrem hohem Adrenalinpegel in die Klinik. Zutiefst panisch, erschrocken, voller Angst – das Schlimmste befürchtend. Vor Ort – welch ein Segen – Entwarnung: Es schien ein Fehler im Messgerät gewesen zu sein.

Lys und ich empfinden die ganze Zeit ähnlich – wir kommen uns wie Zombies vor: Wir funktionieren irgendwie, machen und tun, fühlen uns von uns selbst jedoch völlig abgeschnitten. Mein Schlaf ist sehr unruhig, flach, ich wache fast stündlich auf. Doch letztendlich tragen uns die Zuversicht und unser Familienkampfgeist. Und wir sehen, wie es Dirk Schrittchen für Schrittchen besser geht. Dabei haben wir etwas Entscheidendes gelernt, was uns in dieser Zeit sehr geholfen hat: von Tag zu Tag leben, Fortschritte wahrnehmen, Hoffnung und Vertrauen nicht aufgeben.

—

23.02.
20 Tage nach der Kunstherz-OP
Cordula

Ihr Lieben,
heute gibt es eine erfreuliche und Mut-machende Nachricht über Dirk – er hat einen wichtigen Meilenstein erreicht:
Heute Vormittag wurde sein 2. Herzunterstüt-

zungssystem (für die rechte Herzkammer, eine sogenannte ECMO), nachdem es seit ca. zehn Tagen nach und nach „runtergefahren" wurde, entfernt!
Bis jetzt sieht es sehr gut und danach aus, dass seine rechte Herzhälfte nun wieder allein diesen „Job" übernimmt; nun hoffen wir sehr, dass es dabei bleibt!!!
Auch wenn Dirk noch weiterhin an die Dialyse angeschlossen ist und Beatmungsunterstützung bekommt, heißt es für ihn dennoch mehr „Bewegungsfreiheit". Er darf jetzt wieder aufrechter sitzen und bekommt zum Muskelaufbau (zunächst) passives Bewegungstraining.

Das sind alles gute Nachrichten, die ihm und uns sehr viel Zuversicht geben.
Seine Kommunikation läuft weiterhin über seine Alphabet-Tafel, die auf der Station vom Pflegepersonal und inzwischen auch von den Ärzt*innen gut angenommen wird. Obwohl er heute sehr müde war, war er guter Stimmung und machte auch schon wieder Witze: Er „fragte" den Pfleger nach Bier :)

Im Namen von Dirk vielen lieben Dank an euch für eure unterstützenden Gedanken und die lieben Wünsche!

Lieben Gruß,
Cordula

—

Liebe Cordula,

zu so später Stunde noch diese gute Nachricht; ich freue mich mit Euch – von Herzen – darüber.

Ich spüre Erleichterung in Deinen Zeilen, Cordula, ich spüre Hoffnung. Ich bin auch voller Bewunderung für Dirk, wie er sein DASEIN managt, dass er seinen Humor einsetzt – bei all dem Schwierigen. Euch allen wünsche ich weiterhin die Kraft, die nötig ist – immer in der jeweiligen Tagesdosis. Es macht mir noch einmal bewusst, was Glaube, Liebe, Hoffnung, diese drei, bewirken können. Mich berührt das Schicksal von Dirk sehr; natürlich auch Eure momentanen Lebensumstände Eurer Familie; mich berührt Leiden, aber auch die Freude, die ich mit Euch teilen darf.

Ich freue mich auf weitere Nachrichten und bin weiterhin mit Euch verbunden.

Herzliche Grüße,
H.

—

25.02.

22 Tage nach der Kunstherz-OP

Cordula

Ja, es geht insgesamt in der Tat bergauf und wir verspüren Erleichterung und Dankbarkeit, dass es Dirk bis hierhin geschafft hat.

Dennoch begleitet uns täglich rasendes Herzklopfen, wenn wir wieder vor der geschlossenen Tür der Intensivstation stehen und warten. Wir wissen nie, was uns dort dieses Mal erwartet. Es geht zwar langsam einen Schritt voran, doch dann auch wieder einen halben oder ganzen Schritt zurück. Die Leberwerte sehen manchmal wieder sehr schlecht aus oder Dirk klagt über Magenschmerzen und spuckt Blut. Die Ärzt*innen bleiben in ihren Prognosen vorsichtig. Doch die Verständigung mit Dirk wird dank unseres ABC-Blattes immer besser und er übt täglich, seine selbständige Atmung voranzutreiben.

—

Dirk

Ein Physiotherapeut kommt in mein Zimmer und begrüßt mich. Ich soll Rad fahren. Wie soll das denn gehen, frage ich mich, ich kann ja noch nicht mal aufstehen. Er muss meinen verwunderten Blick gesehen haben, denn er sagt: „Kein Problem." Er geht raus und kommt mit einer Art Liegerad wieder rein. Der untere Teil wird am Fußende des Bettes festgeschraubt. Meine Füße werden auf den Pedalen angeschnallt. Okay, im Bett Rad fahren, mal was Neues. Ein Lenker fehlt. Das macht nichts. Ich muss nur geradeaus fahren. Ganz langsam mit wenig Widerstand soll ich anfangen. Immer wieder Pause machen. Es ist erstmal nur, um mich daran zu gewöhnen.

Nachmittags habe ich Cordula und Barbara Einiges zu tippen. Sie sollen mir meine coole Fahrradsonnenbrille von zu Hause mitbringen und mein gelbes Sportshirt. Es dauert lange, bis sie die Sätze, die ich tippe, verstehen. Und noch länger, dass sie mir die beiden Sachen auch wirklich mitbringen sollen. Als ich schreibe „Das soll ein Gag sein" hängen sie an den drei Buchstaben fest: „G", „A", „G". „Englisch" tippe ich zur Erklärung. Jetzt fällt der Groschen. Ich wolle die Brille aufsetzen, wenn ich wieder im Bett Rad fahre, als Witz. Sie lachen.

Leider kommt es nicht mehr dazu. Schade. Ich hätte gerne die Reaktionen gesehen.

—

Cordula

Wir stehen in dieser Zeit unter ständiger Hochspannung und erleben Wechselbäder von Ereignissen und Gefühlen ... Dirk hat uns neulich gebeten, am nächsten Tag seine Fahrradsonnenbrille und -shirt mitzubringen. Barbara und ich haben uns irritiert angeschaut und ein paar Mal nachgefragt, ob er es im Ernst meinte. Wir zweifelten in diesem Moment etwas an seiner Zurechnungsfähigkeit. Das klingt jetzt witzig; das war es aber nicht. Doch er wollte sich tatsächlich mit seinem Physiotherapeuten einen Scherz erlauben und ihn am nächsten Tag, wenn er mit Dirk wieder an dem Betttrainer mit Fußpedalen üben wollte, mit Fahrradbrille und Shirt empfangen. In dieser Situation noch so ein Spaßvogel zu sein – auch sein Humor hat ihm dies alles ertragen lassen.

Leider kommt es zu dieser Spaßeinlage nicht: Als ich ihn am nächsten Tag besuchte, ist Dirk in einem Delirzustand. Erschrocken frage ich die Ärztin, was los sei, und sie erklärt mir, dass Dirk eine sehr unruhige Nacht gehabt hätte und sie ihm „Tavor" gegeben haben – das hätte er wohl nicht vertragen.

Ich bin sooo wütend geworden. Ich bin die Wände hochgegangen! Ich hatte auf Dirks Wunsch hin ausdrücklich gesagt, ihm „Tavor" oder Ähnliches unter keinen Umständen zu verabreichen. Doch nun war es zu spät.

Zum Glück erholt sich Dirk bis zum nächsten Tag, weiß aber nichts mehr davon. In seiner Krankenakte wird dick vermerkt, dass Dirk auf „Tavor" allergisch reagiert.

Und so gehen die Tage im Krankenhaus vorüber – mal erfreulich und kleinschrittig vorwärts, dann wieder zäh und besorgniserregend (die Leber macht den Ärzt*innen nach wie vor Sorgen).

Jedes Mal stehen wir mit innerer Anspannung vor der Tür zur Intensivstation, diesem Tor in eine Parallelwelt zwischen Sterben und Leben, die wir trotz allem mit Hoffnung betreten.

Impulse

* Wer beziehungsweise welche sind meine Kraft-spender und Kraftquellen?

* Vor welchen Energieräubern (das können auch Menschen sein) muss ich mich schützen?

* Inwieweit vertraue ich darauf, dass meine Kraft und innere Stärke mit der Situation wächst, auch wenn ich es mir im Moment nicht vorstellen kann?

Ahnen sie, was da drin ist?

09.
Der Geburtstag

Dirk

Geweckt werde ich mit einem „Herzlichen Glückwunsch zum Geburtstag". Die morgendliche Runde der Krankenpflegerin. Später kommt der Arzt und gratuliert mir auch. Sowie fast alle, die an diesem Tag bei mir zu tun haben. Der Arzt bereitet mich auf die heutige Magenspiegelung vor. Wohl am Mittag. Am Nachmittag kommen Gäste zu mir, hoffentlich sind wir rechtzeitig fertig. Gegen halb 2 kommt endlich der Gastroenterologe.

Ich werde für die Untersuchung in einen Schlaf versetzt. Als ich wieder aufwache, ist alles vorbei. Es wurden angegriffene Stellen in meinem Magen geklippt.

Jetzt wird mein Besuch hereingelassen. Zu meiner Geburtstagsfeier der besonderen Art. Ohne Kaffee, ohne Kuchen, ohne Kerzen, ohne, dass ich sprechen kann. Ich werde viel gedrückt und trotz dieses trostlosen Krankenzimmers, trotz meiner Bettlägerigkeit und trotz meiner

Abhängigkeit von medizinischem Gerät freue ich mich über meine Lieben. Cordula, Lys und Katharina sind gekommen. Ich höre Glückwünsche, lese Geburtstagskarten und packe Geschenke aus. Ein Krankenpfleger, der sich immer auch sehr um Angehörige kümmert, bringt Kaffee für meinen Besuch. Später kommt Yuri noch dazu. Ich bin nicht allein in meinem Kampf um mein Leben. Viele Menschen denken an mich, schreiben mir, lassen mir gute Wünsche ausrichten. Familie und Freundeskreis stehen zu mir. Ohne diese Unterstützung würde ich es nicht schaffen, das weiß ich.

Als alle wieder gegangen sind, klingt der Nachmittag in mir nach. Ich fühle mich sehr verbunden mit all meinen Freund*innen, Nachbarn und Kolleg*innen. Auch mein Arbeitgeber signalisiert: Nimm dir die Zeit, die du brauchst und dann kommst du wieder.

Ich bin für den Augenblick glücklich und voller Hoffnung.

—

26.02.
23 Tage nach der Kunstherz-OP
Cordula

Dirks 57. Geburtstag!

Lys und ich fahren mit unseren und per Post von Freund*innen eingetrudelten Geschenken ins Krankenhaus, um Dirks Geburtstag zu feiern!
Ja, zu feiern – denn er lebt!

Doch wir werden erst einmal vor der Intensivstation ernüchtert – wir müssen warten. Es kann noch dauern. Wir wissen nicht, warum: wegen Dirk, wegen seines Bettnachbarn, ein Notfall auf der Station? Schließlich heißt es, dass es noch eine Stunde dauern kann. Also gehen wir ins Café und treffen dort Katharina, die Dirk auch besuchen wollte. So haben wir uns den Nachmittag nicht vorgestellt – wir warteten letztendlich über zwei Stunden. Doch dann hatten wir noch einen schönen späten Nachmittag. Dirk hat stumm, aber voller Freude seine Geschenke ausgepackt. Später kam noch Yuri aus Hamburg dazu, wir haben viel erzählt, Dirk hat zugehört oder auf seine Tafel geschrieben.

Sein schönstes Geburtstagsgeschenk hat er allerdings einen Tag später bekommen ...

—

Dirk

Der nächste Morgen beginnt wie jeder Morgen. Routine. Wecken, Geräte kontrollieren, Medikament spritzen und später Waschen. Dann Beobachten des Sekundenzeigers, bis die Gedanken mich forttragen.

Am frühen Nachmittag, bevor der Besuch kommt, wird wieder das Bett aufgehübscht. Der Krankenpfleger hat eine Überraschung für mich. Heute soll ich sprechen können. Er schraubt einen Teil an mein Beatmungsgerät und vorsichtig sage ich etwas. Es hört sich nuschelig an, aber besser und verständlicher als ich dachte. Damit werde ich Cordula überraschen! Schon höre ich das Klackern ihrer Schuhe. Die Zimmertür öffnet sich und sie tritt ein. „Hallo, meine Liebe", begrüße ich sie. Überrascht und strahlend schaut sie mich an und kommt näher. „Ich kann wieder sprechen!" Es wird ein schöner Nachmittag, ohne dieses Getippe auf Buchstaben. Ich kann mich wieder ausdrücken.

Ein weiteres Highlight wartet auf mich an diesem Nachmittag. Der Krankenpfleger fragt, nachdem er Cordula Kaffee gebracht hat, ob ich auch etwas trinken möchte. Ich bin überrascht. Ist es schon so weit, dass ich wieder trinken kann, frage ich mich. „Vielleicht ein Bier?", bietet er mir lächelnd an. Ich entscheide mich dann doch lieber für Wasser. Etwas wackelig und nicht mehr so zielsicher setze ich das Glas an meinem Mund an. Mit dem ersten Schluck überfluten mich Bilder von Frische und Klarheit, von Lebenselixier und Quellen. Habe ich jemals etwas so Wunderbares getrunken?

Auch in dieser Nacht schlafe ich unruhig. Trotz schlafanstoßendem Medikament, ohne das ich wohl kein Auge zumachen könnte. Wie soll es auch gehen? Ich liege den ganzen Tag im Bett, schlafe zwischendurch ein. Und nachts? Da liege ich wach.

Eine Nachtwache hat ihr „Büro" in meinem Zimmer eingerichtet und startet die nächtlichen Aufgaben von hier. Ich nutze das, um ihn zu beobachten. Sonst habe ich ja keine Ablenkung. Er telefoniert die halbe Nacht, um seine Dienste zu tauschen und Verabredungen zu treffen. Ihm gefällt offensichtlich nicht, dass ich alles mithöre. Er will mich zum Schlafen bringen. „So, jetzt wird aber mal geschlafen." Ich folge nicht. Er tritt an mein Bett und schaut mir auffordernd in die Augen. „Herr Huckhagel, Augen zu und schlafen!" Ich will keinen Stress mit ihm, also mache ich die Augen zu und warte eine, vielleicht zwei Minuten, bis seine Aufmerksamkeit wieder seinem geschäftigen Treiben gilt. Erneut öffne ich die Augen und schaue weiter zu. Zwei Nächte später lässt er Musik spielen. Ich erkenne Fata Morgana von den Dissidenten. Die mag ich. Ich erwache viel später in der Nacht von einer mir unbekannten Musik, an der ich aber in diesen langen Nächten Gefallen finden werde. Steve Reich, Music for 18 Musicians, finde ich später heraus.

Mein Verhältnis mit der Nachtwache ist dadurch noch nicht geklärt. Hat er in seinem Leben niemals erkannt, dass Einschlafen kein Willensakt ist? „Augen zu und schlafen" ist kein Selbstläufer. Meine Entgegnung überrascht ihn dann doch und führt dazu, dass er seinen Schreibtisch in den Flur schiebt. „Wenn Sie hier immer herumwieseln, kann ich auch nicht einschlafen."

Nicht jeder Fortschritt ist so erfrischend und mühelos, wie das erste Mal wieder Wasser zu trinken. Das erfahre ich, als zwei Physiotherapeuten mich am nächsten Morgen begrüßen. „Heute geht es auf die Bettkante!" Freudig und motivierend gemeint kann ich mir noch nicht vorstellen, wie das gehen soll. „Keine Sorge, wir helfen Ihnen hoch und halten Sie fest." Die vielen Kabel werden sortiert und in die richtige Position gebracht, damit sich die Anschlüsse nicht lösen. Ich werde angepackt und aufgerichtet. Die Beine werden an der Bettseite heruntergeführt. Ich sitze. Vollständig gehalten. In der einen Richtung sackt alles in mir nach unten. In der anderen steigt mein Blutdruck gefühlt extrem nach oben. Die Geräte schlagen allerdings keinen Alarm. „Ich kann nicht mehr", japse ich sofort. Gefühlt bricht alles in mir zusammen. Nach einer ewigen Minute legen sie mich wieder im Bett ab. Geschafft! Ich bin geschafft von der Anstrengung und denke, das wars. Doch noch einmal werde ich angehoben und versuche die Minute auf der Bettkante zu überleben. Die Muskeln sind abgebaut vom langen Liegen und der künstlichen Ernährung. Mangelversorgung. Einige Tage später werde ich auf die Sitzwaage gesetzt: knapp 60 Kilo. Bei einer Körpergröße von 195 Zentimetern.

Nicht nur deswegen besteht das Ziel, dass ich wieder selbstständig esse. Probeweise ein, zwei Löffel Joghurt. Meine Geschmacksnerven jubilieren: Frucht und Süße.

Beim nächsten Wechsel der Kanüle für die künstliche Beatmung bemerkt der Pfleger Reste meines Joghurts. Das bedeutet, es landet Joghurt in der Luftröhre und damit in der Lunge. Das ist nicht gut. Ein Termin mit einem Fachmann wird organisiert und ich bekomme Anweisungen für ein Schlucktraining. Ich soll ab jetzt mehrmals täglich, nachdem ich Wasser in den Mund genommen habe, bewusst Ausatmen und das Wasser unter Druck runterschlucken. Und das bis zu fünfmal wiederholen. Ich bin hochmotiviert, denn ich möchte mir nicht ausmalen, was passiert, wenn ich das Schlucken nicht in den Griff kriege. Innerhalb einer Woche verbessert sich mein Schlucken.

Gerade die Fortschritte, die ich in den letzten Tagen machen konnte, lassen mich auch die Schwere meiner Erkrankung deutlich spüren. Alles muss ich neu lernen:

atmen, sprechen, trinken, aufstehen, gehen. Ich bin immer noch an der Dialyse. Ich bin vollumfänglich auf Hilfe und Pflege angewiesen. Privatsphäre und Intimsphäre gibt es nicht für mich. Ich werde beatmet, künstlich ernährt, gewaschen, bewegt. An einem dieser Tage klingelte ich und sagte dann, als die Pflegerin hereinkam, dass ich pinkeln müsse. Kein Problem, meinte sie, ich hätte einen Katheter. Ich muss wohl ratlos ausgesehen haben, denn sie ergänzte, den hätte ich schon die ganze Zeit. Ebenso einen Darmkatheter. Ich bräuchte mir darüber keine Gedanken zu machen.

Die meiste Zeit verbringe ich mit Warten. Eine Klingel habe ich auch noch nicht lange. Ich bekam sie erst, nachdem ich gefragt hatte, wo denn meine Klingel sei.

Meine Orientierung über das, was genau mit mir los ist und was die vielen Schläuche bedeuten, ist immer noch mangelhaft. Und ich leide nicht nur daran. Daneben quält mich die Einsamkeit. Trotz regelmäßigen Besuches liege ich den ganzen Tag hilflos im Bett. Abends bin ich regelmäßig deprimiert. Sehnsucht überkommt mich. So bitte ich Cordula das nächste Mal, als sie an meinem Bett sitzt und wie immer meine Hand hält: „Bring mir was mit, was von dir!"

—

04.03.

29 Tage nach der Kunstherz-OP

<u>Cordula</u>

Ihr Lieben,

seit meiner letzten Mail an euch geht es bei Dirk glücklicherweise weiterhin bergauf – er macht zum Teil sogar sprunghafte Fortschritte!!!

Er atmet nun vollständig selbst und kann wieder sprechen – ein Segen für ihn. Er bekam doch schneller als gedacht eine Sprechkanüle; seine Stimme klingt nicht computertechnisch, sondern ganz „normal", nur etwas leiser. Nun können wir wieder ganz entspannt miteinander reden, was er (und wir) sehr genießen.

In unseren langen Gesprächen wird nun deutlich, dass er sich teilweise überhaupt nicht erinnern kann und vieles natürlich überhaupt nicht mitbekommen hat (zum Glück) und ihm jetzt erst deutlich wird, an welchem seidenen Faden sein Leben hing. Nun beginnt also langsam die Zeit der Verarbeitung.

Gleichzeitig geht das Bewegungstraining los: Heute sollte er sogar mit Hilfe eines speziellen Rollators stehen, was eine kurze Zeit auch klappte.

Im Laufe der nächsten Woche kann es sein, dass er in eine Reha-Klinik am Schweriner See verlegt wird, die speziell mit schwerkranken Patient*innen unter anderem auch physiotherapeutisch arbeitet. Wahrscheinlich wird er dort so lange bleiben, bis er wieder gehen kann. Es geht also im wahrsten Sinne des Wortes voran!!

Von vielen Mitarbeiter*innen auf der Intensivstation bekommen wir die Rückmeldung, dass Dirks Überleben und Genesung an ein Wunder grenzt … wir sind sehr dankbar darüber!

So viel für heute.
Liebe Grüße und ein schönes Wochenende,
Cordula

—

07.03.
32 Tage nach der Kunstherz-OP
Cordula

Jetzt, da wir uns endlich wieder normal sprachlich austauschen können, wird mir erst klar, wie stark Dirk in einer Paranoia war. Ich hatte zwar gespürt, dass er zeitweise mir gegenüber sehr misstrauisch war, doch wie sehr er mich in seinen Vorstellungen als gegen sich gestellt gesehen hat („Cordula steckt mit allen unter einer Decke…"), habe ich nicht erahnen können. Es muss die Hölle für ihn gewesen sein.

Dirk ist nun sehr hungrig danach, alles genau beschrieben zu bekommen, woran er sich nicht erinnern kann oder was er durcheinanderbringt. Er weiß zum Beispiel nicht mehr, dass er vor seiner OP das Foto von seinem Ellenbogen haben wollte, als Beweisstück für hinterher, dass er noch lebt. So haben wir ihm das Foto gezeigt: Er muss darüber lachen und ist aber gleichzeitig über seinen damaligen Zustand erschüttert.

Insgesamt ist auch sein Zeitgefühl ziemlich durcheinander, zumal er ja auf der Intensivstation keinen normalen Tag-Nacht-Rhythmus bekommt: Das Licht ist immer an, die Geräte piepsen, das Pflegepersonal ist ständig vor Ort, die Tür steht offen.

—

Dirk

Die Pflegerin von der Kunstherzambulanz, von allen nur „Herzschwester" genannt, kommt herein. Sie hat allerlei Gerätschaften dabei.

Heute wird uns die Pumpe vorgestellt, die mir bereits notfallmäßig implantiert wurde. Dadurch wird Blut zusätzlich durch meinen Körper gepumpt, um eine bessere Versorgung zu erreichen. Die Herzschwester reicht mir das Gehäuse, an dem ein langes weißes Kabel hängt. In dem Gehäuse befindet sich eine magnetisch gelagerte Rotation. Durchmesser ca. fünf Zentimeter. Die Pumpe liegt satt in meiner Hand. Ich reiche sie an Cordula und Lys weiter. So ein System ist unten an meinem Herzen angenäht. Der Schlauch tritt seitlich etwas unterhalb des Bauchnabels aus dem Körper und wird mit einem Controller und Akkus verbunden. Der Controller misst die Umdrehungen der Pumpe, die Durchflussmenge des Blutes, die Stärke der Herzkontraktion und den Stromverbrauch. Wir probieren verschiedene Anzeigen und Alarme aus. Schließlich soll ich ja irgendwann selber damit klarkommen. Das Display zeigt jeweils den Zustand an. Dass sich mein Herz ein Jahr nach der Diagnosestellung noch erholen wird, ist fast auszuschließen. Mit dieser Pumpe, offiziell heißt sie Left Ventricular Assist Device, wird die Sauerstoffversorgung meines Körpers so weit unterstützt, dass ich nicht mehr bettlägerig bleibe und im Alltag eine hohe Selbstständigkeit und Lebensqualität erreichen könnte.

War das wirklich nötig? Ich wäre auch so wieder auf die Beine gekommen, regt sich in mir Widerstand. Bin ich ab jetzt behindert? Ich werde nicht mehr baden dürfen, nicht mehr im Meer schwimmen. Sauna geht auch nicht. Meine Herzleistung ist so schwach, dass es keine andere Wahl gab, um zu überleben. An diesem Gerät hängt also mein Leben!

Welches Leben wird das sein?

Wie versprochen, hat Cordula etwas von sich mitgebracht. Ein Nachthemd. Ich halte es an meine Nase und versinke in ihrem Geruch. In einer kleinen Plastiktüte liegt das Nachthemd von nun an auf meinem Bett. Wenn ich mich einsam fühle, greife ich mit einer Hand hinein und reibe den Seidenstoff zwischen meinen Fingern. Manchmal rieche ich auch daran. Es tut mir gut. Ich spüre Nähe. Es hilft gegen die Einsamkeit. Ab und zu fällt die Tüte hinunter, wenn die Pfleger*innen mein Bett richten. Ahnen sie, was da drin ist? Ein Kommentar beim Aufheben: „Scheiß

Tüte!" Ich schweige dazu.

Über die Tage stabilisiert sich langsam mein Zustand. Die Physiotherapeut*innen arbeiten täglich mit mir. Die Leistung der ECMO, eine kleine Herz-Lungen-Maschine, wird reduziert, bis sie sogar ganz weggelassen werden kann.

Ich lasse mir einen Fernseher hinstellen.

Jeden Tag bekomme ich Besuch. Und wenn Cordula nicht kommen kann, organisiert sie jemand anderen. Darüber bin ich sehr froh. Ich weiß, ich würde es sonst nicht aushalten.

Es wird schon über Reha gesprochen.

Impulse

* Wer würde mit mir in Kontakt bleiben, wenn ich schwer erkrankt bin?

* Wer würde mich besuchen?

* Von wem würde ich es mir wünschen?

* Geburtstag feiern: Wie viel „Normalität" kann man ins Krankenhaus bringen?

* Humor und Lachen sind heilend!

* Wie kann ich bereits in gesunden Zeiten für gute, stabile, vertrauensvolle Beziehungen sorgen?

* An wen kann ich, als Angehörige, delegieren, um mich selbst zwischendurch zu entlasten?

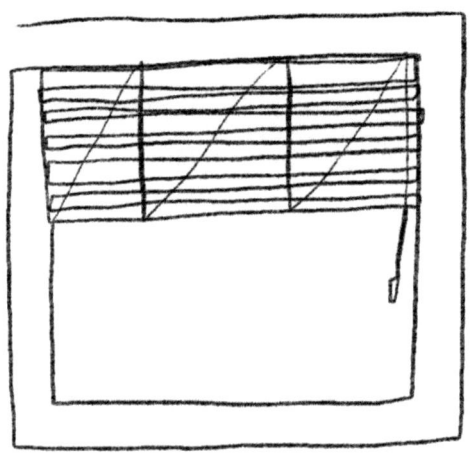

Neben der Zimmertür ist ein kleines Fenster. Ich starre auf dieses Fenster. Dort draußen ist die Welt.

10.
Augen

Ich blicke in Augen. In ein Paar. Sie strahlen. Sie gehören zu Cordula. Mehr sehe ich von ihr nicht. Und noch ein paar Augen. Lys. Auch sie scheinen zu lachen. Ich sehe Haarnetze, Mundschutz, Kittel. Bei der Umarmung fühle ich keine Haut. Ihre Gesichter fühlen sich an meiner Wange wie Papier an. Die Hände verstecken sich in Handschuhen. Was ist los? Sie versuchen es mir zu erklären, soweit sie es überhaupt wissen. Ich sei überraschend zusammengebrochen und ohne Bewusstsein gewesen. Glücklicherweise hätten die Ärzt*innen schnell erkannt, dass eine Sepsis die Ursache ist, ausgelöst durch einen multiresistenten Keim. Es gibt noch einige wenige Antibiotika, die gegen diesen Keim helfen. Bestimmt zwei Tage sei ich ohne Bewusstsein gewesen. Es heißt, einmal hätte ich gestern den Kopf gehoben, als M. da war. Und gelächelt. Aber ob ich ihn erkannt habe, war nicht klar.

Was das alles bedeutet, wissen sie auch nicht. Auch von den Pflegekräften höre ich nur so etwas wie „gefährlicher Keim" und „sehr ansteckend".

Darüber hinaus erweist sich die Konstruktion, die mich durch den Luftröhrenschnitt beatmet, als sehr wackelig. Ich fasse dort mit meinen Händen hin, um sie zu richten. Was sich natürlich als kontraproduktiv erweist: sie fällt auseinander und ich muss nach der Pflegerin klingeln. So lange atme ich selbständig, was auch einigermaßen klappt. Als es nochmals passiert, bekomme ich reichlich Ärger. Meine Hände werden fixiert. Eigentlich fühle ich mich unschuldig, habe aber nicht die Kraft für weiteren Protest.

Damit bin ich wieder in der für mich am schlimmsten empfundenen Lage. Beatmet und gefesselt. In mir baut sich das Gefühl auf, dass es das war. Dass ich wieder lange liegen muss und auch noch in Isolation. Dafür habe ich jetzt so lange gekämpft und durchgehalten. Das wird nichts mehr. Emotional bin ich am Ende. Das schaffe ich nicht mehr. Alles war umsonst. Ich versuche eine Pflegerin zu bewegen, meine Frau anzurufen. Sie soll wissen, dass ich wieder gefesselt bin. Hat sie dafür die Einwilligung gegeben?

—

10.03.
36 Tage nach der Kunsherz-OP
Cordula

Lieber M.,
als ich heute Nachmittag ins Krankenhaus kam, war ich völlig „geplättet":

Dirk hat einen „Rückschlag" erlitten.

Er hat sich zwei Krankenhauskeime eingefangen, die allerdings zum Glück bestimmbar und nun auch behandelbar sind. Ein Keim sitzt in der Lunge – mit anderen Worten: Er hat wieder eine Lungenentzündung (wenn ich das richtig verstanden habe). Nun wird er wieder voll beatmet (mit Schlauch durch den Luftröhrenschnitt), er ist sediert – er hat überhaupt nicht mitbekommen, dass ich da war.
Und er hat Fieber. Er liegt nun auf der Intensiv in einem „Schleusenraum", man darf nur mit Kittel und Atemschutz rein. Die Verlegung in die Reha-Klinik wird nach hinten verschoben.
Das ist alles soooo frustrierend. Und ungefährlich ist es wohl auch nicht …

Für mich heißt das nun, dass ich hierbleibe – so kann ich unmöglich morgen früh nach Bonn fliegen.

Tja, alles Scheiße! Wie kann ich dich morgen Abend wegen deines geplanten Besuches erreichen?

Lieben Gruß,
Cordula

—

Der Schock war groß – ich war am Boden zerstört. Ich hatte einen Wochenend-Workshop mit Barbara in Bonn vor mir und hatte dieses Mal, statt mit dem Auto zu fahren, einen Flug gebucht, um Kräfte zu sparen, die ich eigentlich nicht mehr hatte.

Mit meiner Reisetasche bin ich vor dem Abflug zu Dirk ins Krankenhaus gefahren, um ihn noch einmal zu sehen und mich zu verabschieden.

Ich klingele an der Intensivstation, werde reingelassen und von einem Krankenpfleger mit den Worten abgeholt: „Ihr Mann liegt in der Schleuse, ich bringe Sie mal hin." Zu dieser Zeit hatte ich keine Ahnung, was eine „Schleuse" ist. Dirk liegt in einem kleinen Einzelzimmer mit geschlossener Tür – ich sehe ihn durchs kleine Fenster – schlafend, wieder beatmet und fixiert.

Ich bin erschüttert.

Ich frage, was los sei, der Pfleger antwortet, dass er dem Arzt Bescheid sage und er dann kommen werde. Ich bekomme einen gelben Plastikkittel übergezogen, muss mich gründlich desinfizieren, eine Plastikhaube aufsetzen, Mundschutz und Einmalhandschuhe überziehen, mein Gepäck muss draußen bleiben. Ich bekomme Instruktionen, wie ich mich verhalten muss, wenn ich das Zimmer verlasse und dann wieder hinein möchte.

Bei Dirk im Zimmer sehe ich, dass er wieder im Delir ist. Er ist sehr unruhig, wälzt sich hin und her und signalisiert, dass er sich umdrehen möchte. Ich klingele nach einer Weile nach dem Pflegepersonal, aber es kommt niemand. Ich klingle noch einmal.

Irgendwann kommt eine Krankenpflegerin, der ich das Problem schildere, worauf sie mich anraunzt, dass sie im Moment so viel zu tun hätten und wir warten sollten. Ich schätze das Pflegepersonal sehr, habe eine Hochachtung für deren Leistung und bin sehr dankbar. Doch diese Krankenpflegerin kannte ich bisher noch nicht; ich bin fassungslos. Ich beschwere mich bei ihr über den Umgang mit uns. Sie raunzt mich nochmal an und lässt mich stehen. Nach einer Weile klingle ich erneut, worauf ein anderer (bisher für Dirk nicht zuständiger) Pfleger kommt und mich auch beschimpft. Ich schimpfe zurück und sage, dass ich mich beim Arzt beschweren werde und bestehe darauf, endlich den diensthabenden Arzt sprechen zu können. Schließlich weiß ich immer noch nicht, was eigentlich mit Dirk los ist. (Gleichzeitig ist mein Flugzeug ohne mich abgeflogen.)

Ich verlasse dann das Zimmer und gehe in den Wartebereich der Station, um auf den Arzt zu warten und breche dort heulend zusammen – das erste Mal seit zwei Monaten.

Der Krankenpfleger, mit dem ich aneinandergeraten bin, bietet mir einen Tee an und entschuldigt sich. Zehn Minuten später kommt ein Arzt, der mir erklärt, dass sich Dirk mit zwei Krankenhauskeimen infiziert und eine Sepsis hat. Er befindet sich also wieder in einem lebensgefährlichen Zustand.

—

Dirk

Ich warte ungeduldig auf die Visite.

Dann kann ich zwei sehr wichtige Sätze aufschnappen: Physiotherapie soll weitergehen. Die Anmeldung zur Reha wird aufrechterhalten. In mir keimt wieder Hoffnung auf. Das hört sich nicht so an, als wenn jetzt alles vorbei ist. Auch nicht, dass es ewig dauert, bis ich wieder aus der Isolation darf. Aber erst einmal heißt es: weiterhin durchhalten.

Die Zeit vergeht hier noch langsamer als vorher. Es kommt niemand. Die Pflegekräfte versuchen alles, was sie an mir zu tun haben, aufgrund des großen Aufwandes, um die Schutzkleidung anzulegen, in einem Rutsch zu erledigen. Dann bin ich wieder stundenlang auf mich allein gestellt.

Neben der Zimmertür ist ein kleines Fenster. Ich starre auf dieses Fenster. Dort draußen ist die Welt. Weit, weit weg. Manchmal taucht davor eine Pflegerin auf und sieht in mein Zimmer. Ab und zu verrichtet ein Pfleger etwas vor dem Fenster. Es scheint dort eine kleine Ablage zu geben. Manchmal wird mein Blick erwidert und die Jalousie ruckartig runtergelassen, weil sich wohl jemand beobachtet fühlt. Und ich werde zurückgestoßen auf mich und mein Alleinsein.

Die Zeit vergeht nicht.

Alle paar Stunden werde ich auf die andere Seite gedreht als Dekubitusprophylaxe.

Am nächsten Tag frage ich gegen Mittag nach einem Arzt beziehungsweise der Visite. Die Pflegerin gibt mir zu verstehen, dass die Ärztin doch schon bei mir war. Das wusste ich nicht.

Alle sind verkleidet, niemand stellt sich vor. Die Pflegerin wird der Ärztin Bescheid sagen. Diese entschuldigt sich tatsächlich, dass sie sich nicht vorgestellt hatte. Ich lasse mir das mit dem Keim ausführlich erklären. Der Keim sei für gesunde Menschen tatsächlich nicht gefährlich. Ich sei aber geschwächt. Außerdem müssen die anderen geschwächten Patient*innen vor diesem Keim geschützt werden. Deshalb die Isolation. Es gebe gut wirksame Antibiotika und bei mir schlügen sie auch an. Insofern bleibe die Planung mit der Reha bestehen, soweit sie den Professor richtig verstanden habe.

Zum ersten Mal bin ich wieder beruhigt und entspanne mich.

Die weiteren Tage vergehen mit Warten.

Auf den Pfleger. Auf Besuch. Auf die Nacht. Auf den Morgen. Aufs Waschen. Auf den Joghurt, den ich versuchsweise zu Essen bekomme. Auf irgendetwas.

Es passiert nichts. Liegen kann ich auch nicht mehr. Vor allem auf der linken Seite bekomme ich schnell Schmerzen wegen des Ausgangs des Kabels aus meinem Bauch. Wenn ich nachts klingle und klage, dass ich auf der linken Seite nicht mehr liegen kann und Schmerzen habe, bekomme ich zur Antwort, dass erst drei Stunden um seien, und gedreht würde ich nach vier Stunden.

Allem hier bin ich ausgeliefert. Gezwungen, passiv zu verharren und alles mit mir machen zu lassen.

Dabei kann ich sowieso nicht mehr liegen. Nachts schlafen ist auch ein Problem. Ich bekomme regelmäßig zur Unterstützung ein schlafanstoßendes Medikament. Jeden Abend muss ich die jeweilige Nachtwache darum bitten. Aber nicht vor 22 Uhr. Hier kommen die ganz persönlichen Ansichten der Pflegerin beziehungsweise des Pflegers ins Spiel, wie sie meine Anfrage kommentieren und was sie für richtig halten. Der Arzt ordnet den Bedarf an, aber sie entscheiden, ob er gegeben ist.

Erfahrungsgemäß wirkt das Medikament innerhalb von 30 Minuten und ich komme ganz gut durch die Nacht. Dann komme ich auch besser durch den Tag. Heute spüre ich eine Unruhe, die nicht vergeht. Die 30 Minuten sind um und ich habe sehr unruhige Beine. Es wird noch schlimmer. Schließlich strecke ich mich und spanne meine Muskeln an, um die Unruhe irgendwie zu kontrollieren. Es ist ein furchtbares Kribbeln. Auch die Arme fangen an und schließlich der ganze Körper. Es ist vielleicht eine Stunde vergangen.

Irgendwas stimmt hier nicht.

Ich klingle nach der Nachtwache. Als sie kommt, schildere ich meine Situation und sie verspricht, einen Arzt zu holen. Es vergeht viel Zeit, in der ich weiter gegen die Unruhe kämpfe. Der Arzt gibt mir dann ein anderes Medikament. Irgendwann beginnt es zu wirken und ich kann mich wieder entspannen. Schließlich schlafe ich ein.

Wie sich herausstellt, war meine Schlafmedikation geändert worden und ich habe nicht bekommen, um was ich wie jeden Abend gebeten hatte. Stattdessen bekam ich einen Tranquilizer, ohne dass mir dies mitgeteilt wurde. Auf den habe ich paradox reagiert. Bei jeder zukünftigen Krankenhausaufnahme oder Aufklärung über Narkose ist dies das erste, was ich erwähnen werde.

—

16.03.
42 Tage nach der Kunstherz-OP
<u>Cordula</u>

Ihr Lieben,
Dirk hat letzte Woche (Donnerstag) einen
herben Rückschlag erlitten – es wurden zwei
Krankenhauskeime bei ihm festgestellt.
Drei Tage sind dadurch aus seinem Bewusstsein
gestrichen. Diese Tage waren wieder zum Ver-
zweifeln. Zum Glück wurden die Keime schnell
diagnostiziert und sofort mit Antibiotika
behandelt, so dass es ihm nun wieder besser
geht. Da er wieder an die Beatmung musste,
konnte er wieder nicht sprechen.

Heute nun waren wir sehr erleichtert zu sehen, dass er wieder eine Sprechkanüle bekommen konnte, das Schluck- und Bewegungstraining fortgesetzt wurde und daran gearbeitet
wird, dass er möglichst bald in die Reha
verlegt werden kann.
Wir hoffen sehr, dass es nun wirklich bald
klappt und nicht wieder irgendwas dazwischen kommt – Dirk braucht unbedingt einen
Ortswechsel!!

Liebe Grüße,
Cordula

—

Liebe Cordula,
zuerst einfach vielen herzlichen Dank für die Info – es tut gut, alle paar Tage etwas von Dir/Euch zu hören, denn natürlich mache ich mir – wie die anderen sicher auch! – große Sorgen um Dirk und auch um Euch! Und nun bringen die Zeilen auch noch wieder etwas mehr Entspannung, das freut und erleichtert mich sehr!

Wie wir alle wissen und gerade erst wieder erfahren mussten, ist Dirk noch nicht „über den Berg", aber trotzdem ist diese Nachricht eben die Bestmögliche und deswegen freut's mich SEHR!

So, nun noch einen herzlichen Drücker für Dich und alles Gute für Euch vom M.

—

17.03.
43 Tage nach der Kunstherz-OP
<u>Cordula</u>

Dirk wird nun langsam wieder aufgepäppelt; er wird weiterhin künstlich ernährt und bekommt zusätzlich – um auch das Schlucken und das Essen zu trainieren – eine hochkalorische Nahrung (sogenannte Astronautenkost):

120

„Fresubin" mit Erdbeer-, Vanille- oder Kakaogeschmack. Doch eines Nachts hat er sich – zum Entsetzen des Personals – im Schlaf die Magensonde selbst herausgezogen. Dirk wog bei seiner Größe von 195 cm mit 60 Kilo viel zu wenig und brauchte täglich mindestens 2000 Kilokalorien Nahrung. Man befürchtete, dass diese hochkalorische Kost allein nicht ausreichen würde. Doch Dirk konnte sie davon überzeugen, es zu versuchen und versprach, sehr viel „von diesem Zeug" zu trinken. Und kurz vor seiner Verlegung auf die „Normalstation" aß er nach ca. sechs Wochen voller Genuss seine erste normale Mahlzeit: eine von Barbara selbst zubereitete Brokkoli-Suppe!

Nun war er auch die Magensonde los und nahm an Gewicht sehr langsam, aber stetig zu.

Impulse

* Wessen Gegenwart hilft mir, tut mir gut?

* Was kann man tun, wenn alle, wirklich alle - Patient*innen, Angehörige, Pflegepersonal - überfordert sind?

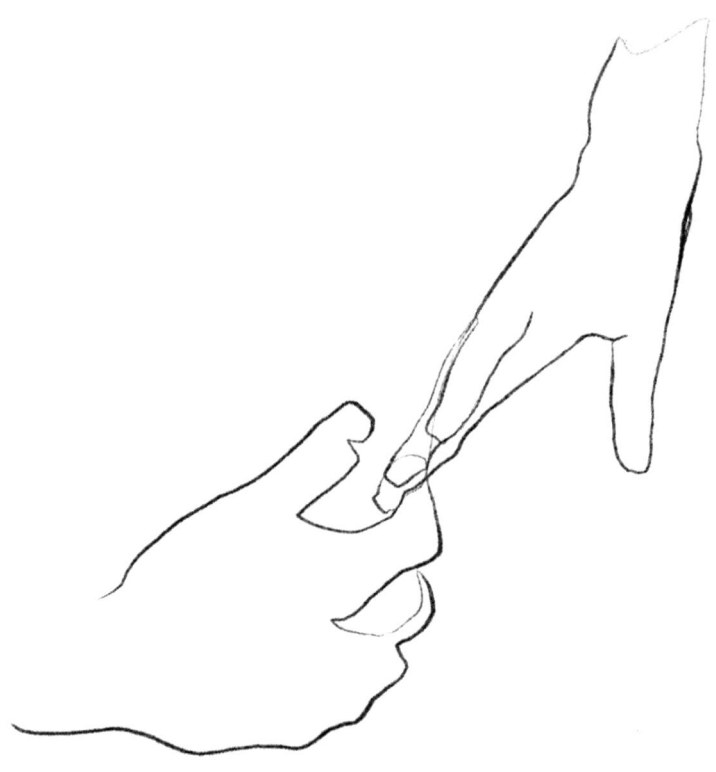

Sie forderte mich eindringlich auf, Cordula mehr loszulassen.
Aber das konnte ich noch nicht.

11.
Festhalten und Loslassen

Dirk

Eines Tages – so sagt es mein Zeitgefühl – ist es soweit und ich werde auf die Normalstation verlegt. Ich bekomme ein großes Zimmer für mich allein.

Ein wesentlicher Schritt, signalisiert er mir doch Hoffnung: Es geht voran.

Ich warte jetzt auf die Reha und werde bis dahin, soweit es geht, gekräftigt. Ein extra hoher Rollator wird zu meinem Bett geschoben. Ich werde auf die Bettkante gesetzt. Feste Schuhe werden angezogen. Dann soll ich aufstehen, indem ich die Oberarme über die Seitenarme des Rollators lege, mich hochziehe und gleichzeitig aus den Beinen hochdrücke. Nach 70 Tagen auf der Intensivstation gibt es jedoch keine Muskeln mehr, denen ich irgendetwas befehlen könnte. Mühselig und mit Hilfe richte ich mich auf. Und wieder hinsetzen. „Nein, nein, bleiben Sie ruhig noch etwas stehen", drängt die Physiotherapeutin. Mit all meiner nur noch rudimentär vorhandenen Kraft halte ich noch wenige Sekunden aus. Geschafft!

Durchatmen. Langsam, sehr langsam, werde ich über viele Tage kräftiger und kann bald ein paar Schritte gehen.

In meinem Zimmer sammelt sich ein kleiner Fuhrpark. Es gibt noch einen Rollstuhl, in dem ich zu Untersuchungen gefahren werde. Und ein Toilettenstuhl.

Nachmittags darf ich mich etwas aufsetzen. Dafür bekomme ich einen Sessel mit hohem Rücken. Das Kabel, das meinen Controller und damit das Kunstherz mit Strom versorgt, wird abgeschraubt und gegen Akkus getauscht. Kabel oder Akku, mit einem von beiden werde ich immer verbunden sein. Bei Stromausfall oder Akku-Versagen hat der Controller 15 Minuten Notstrom. Nachts hänge ich am Kabel und tagsüber werde ich eine Umhängetasche tragen.

Ich sorge immer dafür, dass mir aufgeholfen wird und ich meinen Besuch im Sessel empfangen kann.

Ein bisschen Würde.

So treffen mich auch Kolleginnen an, die ihr Erschrecken über mein Aussehen nicht vollständig verbergen können. Sie erzählen von der Welt draußen, von Normalität. Ich soll wiederkommen, sagen sie.

Die Welt draußen ... Ich kann sie mir gar nicht mehr vorstellen. Die Weite. Die Sonne auf der Haut. Den Wind in den Haaren.

Ein Pfleger ermutigt uns und setzt mich in den Rollstuhl. Cordula schiebt mich aus dem Zimmer in den Fahrstuhl in die weite Welt. Als sich im Erdgeschoss die Türen nach draußen öffnen, kommt mir der schöne Sonnentag entgegen. Cordula fährt mich voller Eifer über das Krankenhausgelände. Zum ersten Mal draußen seit drei Monaten! Die Sonne wärmt mein Gesicht, während der kalte Frühlingswind an meiner Haut zerrt. Ein Geruch, der mich Natur erahnen lässt. Menschen hasten an mir vorbei. Ich fühle mich wie aus der Zeit gefallen. Nur wenige nehmen mich wahr. Sie wollen mich offenbar auch nicht neugierig betrachten und wenden den Blick ab. Ich trage das Krankenhausnachthemd und bin in eine Bettdecke gehüllt. Es ist unfassbar schön, wieder draußen unter Menschen zu sein. Ein Foto muss sein.

Es wird sogleich an die Kinder geschickt. Das Handy vibriert wegen der Likes. Ich bin draußen, was für ein Erfolg. Cordula schiebt mich zügig über die Wege, kraftvoll, als wenn sie nur darauf gewartet hätte, etwas Praktisches zu tun, anstatt immer nur an meinem Bett zu sitzen und die Zeit vergehen zu lassen. Ein Meilenstein. Es gibt ein Leben außerhalb der Mauern.

Nach den vielen Wochen, in denen es für mich nur ums Überleben und für Cordula nur ums Funktionieren ging, steigen die Erschöpfung und die Bedürfnisse von Cordula wie Dampf auf, wenn das Wasser kocht. Sie ist in den Monaten fast täglich bei mir gewesen. Und wenn nicht, hatte sie anderen Besuch organisiert.

Ihre Schwester, wieder zur Unterstützung bei Cordula, sah die Not, in der auch Cordula steckte und befürchtete einen Zusammenbruch. Sie forderte mich eindringlich auf, Cordula mehr loszulassen. Aber das konnte ich noch nicht. Ich empfand ihre Ansage als nicht hilfreich. Vielleicht würde es mir gelingen, wenn ich noch etwas mobiler bin. Barbara und ich schafften es gerade noch, nicht im Streit auseinanderzugehen. Ihr tat es, glaube ich, hinterher leid, so fordernd geworden zu sein. Und ich fühlte mich schlecht, weil ich wusste, dass sie Recht hatte, ich aber nicht anders konnte, als festzuhalten.

Später, wieder zu Hause, habe ich ihr dies auch noch mal gesagt. Und mit meiner zunehmenden Mobilität gelang Cordula und mir es, dass sie auch mal Luft holen konnte. Und während der Reha auch ein paar Tage verreiste.

—

27.03.

53 Tage nach der Kunstherz-OP
Cordula

Dank Dirks unglaublichem Willen und seiner Widerstandskraft und letztendlich guter Medikamenteneinstellung hat er sich in der nächsten Zeit von der Sepsis wieder langsam erholt, so dass er – welch ein Segen – gerade zu Ostern auf eine „normale" Station der Herzchirurgie in ein Einzelzimmer verlegt wurde. So konnten wir dort mit unseren Kindern und meiner Schwester mit Dirk zusammen die Ostertage verbringen.

Nicht nur durch den Rückschlag bin ich psychisch völlig am Limit und am Ende meiner gesamten Kräfte. Da Dirk ja viel Besuch an Ostern bekam, hatte ich das große Bedürfnis, mich ein wenig zurückzuziehen und wollte meinen Besuch bei Dirk abkürzen und einen Nachmittag (die Sonne schien so schön) mit Barbara an die Ostsee fahren.

Doch Dirk war mir gegenüber so sehr bedürftig, dass er mich nicht gehen lassen wollte. Das wiederum konnte ich zu der Zeit überhaupt nicht verstehen, zumal er ja sah, dass ich am Ende war. Stattdessen klammerte er noch mehr.

Ich hätte schier austicken können und habe dann letztendlich – mit schlechtem Gewissen – dieses Mal mein Bedürfnis über seins gestellt.

Der Spaziergang mit Barbara an der Ostsee tat gut und sie hat mich darin bestärkt, wie wichtig es ist, jetzt – wo Dirks Zustand stabiler wird – an mich zu denken und gut für mich zu sorgen.

Am Abend waren wir dann noch in einem Klangdom und durch Zufall hat es sich ergeben, dass wir dort ganz allein mit der Besitzerin, die auch energetisch heilend tätig ist, den besonders atmosphärischen Raum und Klang erleben durften. Diesen Boden dort unter mir und den Klang-Raum um mich herum zu spüren, tat unbeschreiblich gut und war für diesen Moment genau das Richtige – wie ein Geschenk für mich!

—

30.03.
56 Tage nach der Kunstherz-OP
Cordula

Ihr Lieben,
Dirk ist nun seit Gründonnerstag nicht mehr auf der Intensiv, sondern auf eine „normale"

Station der Herzchirurgie verlegt worden – ein weiterer kleiner großer Fortschritt!!

Ihm geht es merklich besser! Sein Luftröhrenschnitt wurde nun „dicht gemacht", er kann jetzt wieder normal sprechen; er ist nicht mehr in diesem Schleusenzimmer, d.h., wir brauchen uns nicht mehr mit Kittel, Mundschutz und Handschuhen zu vermummen und er kann wieder unsere Haut spüren. :)

Leider hat sich seine Niere immer noch nicht erholt, so dass er alle zwei Tage in die Dialyseabteilung muss. Außerdem wartet er auf eine OP, in der ein neuer Dialyse-Zugang eingesetzt wird. Solange ist leider auch immer noch unklar, wann er in die Reha nach Leezen verlegt werden kann. :(

Die Warterei dauert also noch an, in der wir sehr hoffen, dass nicht wieder irgendetwas Schlimmes dazwischen kommt …

Bei mir tritt die ganze Erschöpfung der letzten Wochen zutage. Ich habe jetzt zwar eine Woche Urlaub und Barbara ist wieder zu Besuch, doch ich hatte sehr gehofft, dass Dirk diese Woche schon in der Reha ist und ich mich langsam erholen könnte.
Nun zieht es sich doch noch hin …

Ganz liebe Grüße an euch und danke für eure
Unterstützung von nah und fern,
Cordula

—

07.04.
64 Tage nach der OP

Liebe Cordula,
vielen Dank für Deine Nachricht.

Bezüglich Dirk hört es sich doch schon ein
wenig besser an … So möge es weitergehen!

Aber allmählich mache ich mir Sorgen um dich!
Es zehrt alles sehr an dir, gell?
Was würdest du einer Klientin in vergleich-
barer Situation raten?
Versuche auf jeden Fall, auch immer ein wenig
für dich zu sorgen – gönn dir etwas Schönes.
Vielleicht eine Massage? Einen Tag an der
See?

Halt dich weiter – alles wird gut!
Liebe Grüße, heute noch aus Amerika,
C.

—

Liebe P.,
Dirk hat nun seit Dienstag endlich den anderen Dialyseanschluss bekommen. Er wurde allerdings vom letzten Samstag bis Mittwoch wieder auf die Intensivstation ins Schleusenzimmer verfrachtet. Nicht, weil es Dirk so schlecht ging, sondern wegen akuten Pflegenotstandes und anderen Krankenhaus-Pannen … Nun ist er aber zum Glück wieder auf der Normalstation und auf sein Bett scheint nachmittags die Sonne. :)

In Leezen steht er immer noch auf der Warteliste; ich habe gerade mit der Reha-Klinik gesprochen und die können nicht sagen, wann sie Dirk aufnehmen können … :(

Dirk und ich hatten noch häufiger über unsere jeweilige Situation gesprochen und er kann mich zurzeit tatsächlich besser gehen lassen.

Mittwoch bis Donnerstag war ich erneut im ‚Klangdom'. Dort konnte ich meine Akkus etwas aufladen, was mir sehr gut getan hat!!

Liebe Grüße und einen schönen Garten-Frühling,
Cordula

—

65 Tage nach der Kunstherz-OP
Cordula

Ja, ich habe mir in der Tat etwas sehr Schönes, Entspannendes und Heilsames gegönnt: Ich habe mich für zwei Tage in diesen schönen Klangdom eingemietet und mich von der Heilerin energetisch behandeln lassen. Es war total wohltuend und ich habe angefangen, mich wieder zu spüren.

Auch bei Dirk geht es weiterhin bergauf:
Sein Physiotherapeut übt mit ihm das Aufstehen und mit einem Rollator gehen. Er ist mit ihm im Rollstuhl auch das erste Mal ins Freie gegangen. Es muss für Dirk ein Genuss gewesen sein – er hat prompt ein Selfie von sich gemacht. Obwohl es ihm jetzt schon „richtig gut" geht (alles ist relativ!!), ist sein Äußeres immer noch schockierend: mit 195 cm auf 60 kg abgemagert, nur Haut und Knochen, ein ausgehöhltes Gesicht – wie um 30 Jahre gealtert.

Die Tage ziehen sich hin. Die Warterei auf die Reha und die Sorge, dass es im Krankenhaus wieder irgendeinen Rückschlag geben könnte, sind nach wie vor sehr belastend und zermürbend.
Highlights sind, wenn ich jetzt mit Dirk im Rollstuhl nach draußen in die frische Luft gehe und wir ein paar Runden drehen können.

Die Unterstützung von meinem/unseren Freundeskreis, das Gefühl von Verbundensein und Rückenstärkung sowie

die Anteilnahme von unseren vielen Nachbarn tun sehr gut.
Doch es gibt dabei auch etwas, was anfängt, mich richtig zu nerven: Wenn sie auf mich zukommen, heißt es von den meisten: „Hallo, Cordula! Wie geht es Dirk?"
Natürlich verstehe ich es – man nimmt Anteil und ist daran interessiert, wie es ihm geht. Der/die Kranke steht (nicht nur im Krankenhaus) im Mittelpunkt, doch was ist mit den Angehörigen?
Ich fühlte mich häufig dabei übersehen!
Ich gewöhne mir an, nun auch von mir zu erzählen, auch wenn ich nicht gefragt werde!

—

Dirk

Das Warten auf die Reha hat ein Ende. Ein Krankentransport holt mich ab.
Alle möglichen Kabel werden entfernt. Die Pflegerin hatte schon meine Sachen gepackt. Ich finde mich in einem klapprigen VW-Bus wieder. Der Fahrer und ein zweiter Sanitäter sitzen vorne durch eine Wand von mir getrennt. Die Liege ist sehr unbequem. Meine Füße ragen über das Ende weit hinaus. Es dauert nicht lange, und mir tut alles weh. Die Fenster sind gegen neugierige Blicke durch Folie abgedichtet und lassen nur etwas Licht durch. Ein schmaler Streifen am oberen Rand ist frei gelassen. So sehe ich während der Fahrt Baumwipfel, Wolken und den Himmel vorbeifliegen. Ich beschäftige mich mit dem, was mir die Reha bringen mag und versuche zu erkennen, auf welchem Teil der Strecke wir gerade fahren.

Zwischendurch werde ich einmal gefragt, ob alles in Ordnung sei. Ich klage über die Liege und dass mir alles weh tue. Der Sanitäter meint, das läge sicherlich daran, dass die Liege für eine Größe bis 1 Meter 80 ausgelegt sei. Ich kann es nicht glauben. Ich bin 1 Meter 95 groß. Und es gibt doch viele über 1 Meter 80. Den Namen des Rettungsdienstes verschweige ich lieber. Der Fahrer hat es nicht nur nicht eilig, sondern verfährt sich auch noch, so dass wir erst nach der doppelten der üblichen Zeit ankommen.

—

22.04.
79 Tage nach der Kunstherz-OP
Cordula

Ihr Lieben,
endlich, endlich, endlich ist Dirk nun gestern in die Reha-Klinik nach Leezen verlegt worden! Er hat dort zum Glück ein Einzelzimmer und der erste Eindruck ist ganz gut.

In der Uni-Klinik hatte Dirk schon viel trainiert: allein Aufstehen und Gehversuche mit Rollator auf dem Flur. Er kommt gut voran und die kleinen Erfolgserlebnisse geben ihm Mut.

Nun geht es mit dem lang ersehnten Ortswechsel endlich weiter :)
Allerdings muss er noch 3x wöchentlich an die Dialyse. Die Ärzt*innen sagen aber, dass

sich Dirks Niere wieder erholen kann, was wir sehr, sehr hoffen!

Am Sonntag fahren Lys und ich zu ihm und wir sind schon sehr gespannt, wie es dort aussehen wird.

Gleichzeitig freue ich mich darauf, hier zuhause wieder mehr Luft für mich zu haben, da ja nun die fast täglichen Krankenhausbesuche wegfallen.

Am Donnerstag fahre ich für eine 4-tägige Auszeit auf den Darß nach Zingst, wonach ich mich schon lange gesehnt habe.

Da ich für Dirk die Besuche noch koordiniere, freue ich mich über eure Rückmeldungen.
Wie lange Dirk überhaupt dort sein wird, steht noch in den Sternen.

Liebe Grüße und ein schönes Wochenende,
Cordula

—

Liebe Cordula,
Wie schön zu lesen!

Ich freue mich, dass Du in der nächsten Woche an die Ostsee fährst, etwas nur für Dich …

Grüße bitte Dirk von mir, ihr beide könnt
sehr stolz sein, so viel geschafft zu haben …

Liebe Grüße,
H.

Impulse

* Es gibt Zeiten, in denen es wichtig und notwendig ist, sich abzugrenzen.

* Wie wichtig bin ich auch mir? Darf ich meine Bedürfnisse beizeiten über die Bedürfnisse des/der
   Patient*in stellen?

* Wie gehe ich in Ausnahmesituationen mit mir
   um? Was brauche ich?

*Dirk hat sich vorgenommen, zur Rosenblüte wieder zuhause
zu sein ...*

12.
Bis zur Rosenblüte

<u>Dirk</u>

Am ersten Abend in der Reha frage ich mich erschrocken, wo ich hier gelandet bin. All die Überwachungsgeräte, von denen ich schon nach und nach befreit war, sind wieder angeschlossen. Ich liege im Bett, immerhin ein Einzelzimmer, und es piept. Ich versuche mehrmals die Pfleger*innen davon zu überzeugen, dass diese Geräte in der Uni-Klinik bereits nicht mehr angeschlossen waren.

Ab dem zweiten Tag entfernen sie nach und nach Kabel für Kabel. Da hier ein anderer Rhythmus für die Dialyse vorgesehen ist, wird sie um einen Tag vorgezogen. Seit meiner zweiten OP wurde ich dreimal die Woche an die Dialyse angeschlossen. Für jeweils vier Stunden. Es war immer sehr kräftezehrend. Man hatte die Hoffnung nicht ausgeschlossen, dass sich die Funktion der Nieren auch wieder bessern könnte. Aber wann? Und was, wenn nicht?

Am nächsten Morgen werde ich in einen Rollstuhl gesetzt.

Plötzlich bin ich mobil. Ich kann mich frei bewegen, zwar nur kurze Wege und unter Mühen, aber die Kräfte würden schon wachsen. Vor allem kann ich in den Speisesaal und muss nicht mehr alleine im Zimmer essen. Und ich kann mir am Büfett eher aussuchen, was ich essen möchte.

Anfangs muss das Tablett für mich noch getragen werden, später balanciere ich es auf meinem Schoß, während ich meine Auswahl treffe. Schnell lerne ich, frühes Erscheinen sichert die beste Auswahl. So reihe ich mich manches Mal in die Schlange vor der noch geschlossenen Tür zum Speisesaal ein. Mittags lasse ich mich wieder ins Bett bringen, meine Kräfte sind schnell erschöpft. Nachmittags rolle ich bei schönem Wetter nach draußen vor den Haupteingang. Hier sind ein paar Tische aufgestellt und man kann sich etwas aus dem Café holen.

Nach einem Vierteljahr Bettlägerigkeit, davon größtenteils auf der Intensivstation, sitze ich nun in der Sonne und erfreue mich an meinem Eis. Ich teile ein Foto mit meiner Familie. Nach allem, was sie mit mir durchgemacht und in welchen Zuständen sie mich gesehen haben, sollen sie unbedingt an meinen Fortschritten teilhaben. Die Likes bringen mein Handy zum Vibrieren. Überhaupt chatten wir viel und ich habe dadurch immer etwas Anteil an ihrem Leben. Auch wenn ich manchmal etwas neidisch bin, wenn sie z. B. an der Ostsee sind, so überwiegt doch die Freude, dass es ihnen gut geht, bei Weitem.

An meinem vierten Tag in der Reha frage ich nach der nächsten Dialyse. Der Pfleger will sich bei der Ärztin erkundigen und kommt mit der Nachricht zurück, meine Nierenwerte hätten sich gebessert und ich bräuchte heute keine Dialyse.

In den nächsten Tagen bin ich hinter diesen Werten so hinterher, dass ich schon befürchte, zu nerven. Ich versuche, meine Freude noch zu dämpfen, denn natürlich können die Werte jederzeit auch wieder schlechter sein. Tatsächlich bekomme ich von diesem Tag an keine Dialyse mehr. Das ist eine große Erleichterung und bringt mir von meiner Familie nicht nur Likes, sondern auch Herzchen ein.

So sehr mich die Zeit im Rollstuhl auch voranbringt, mein Bestreben ist, wieder gehen zu lernen. Die Physiotherapeutin fragt mich, welche Ziele ich für die Reha habe: eine Etage müsste ich Treppensteigen können, 100 Meter ohne Hilfe gehen und zur Rosenblüte möchte ich wieder zu Hause sein.

Jeden Tag wird nun geübt.

Zu meinem Programm in der Reha gehört auch Ergotherapie. Ich freue mich auf die Angebote, denn so ein Tag hier ist schon sehr langweilig. Von dem, was dann konkret angeboten wird, bin ich enttäuscht. Körbe flechten und Töpfern. Von Töpfern, so stellen die Ergotherapeutinnen gleich klar, haben sie allerdings keine Ahnung. Ich modelliere ein Gesicht, das aufbricht und ein neues Gesicht durchscheinen lässt. Eine symbolische Darstellung dessen, was ich als meine Aufgabe ansehe: Metamorphose.

Auch bitte ich um psychologische Gespräche. Abends bin ich häufig deprimiert. Ich bin jetzt behindert. Muss immer mit dieser Pumpe leben. Darf nicht mehr baden. Wer weiß, ob ich jemals wieder arbeiten kann. Nachdem mein Überleben gesichert ist, tauchen die Fragen nach der Zukunft auf. Danach, was mein Leben lebenswert macht. Und was ist, wenn Cordula Kraft ihrer Vollmacht im Zweifel entscheiden muss, ob mein Leben beendet werden soll. Wie kann ich ihr beschreiben, was mein Wille ist?

Wir führen intensive und hilfreiche Gespräche. Die vielen Fragen treten wieder in den Hintergrund und ich konzentriere mich auf das Erreichte und auf die nächsten Schritte.

Und auf jeden schönen Augenblick.

Darauf, dass ich lebe.

Zwischenzeitlich werde ich auf eine andere Station verlegt, weil ich so intensive Pflege nicht mehr brauche. Von meinem Rollstuhl aus kann ich vieles bereits wieder selbst erledigen. Schwierig bleiben das Aufstehen aus dem Bett und das Hinlegen. Wenn ich dazu abends klingele, muss ich oft lange warten, bis die Krankenpflegerin kommt.

Schließlich bin ich so genervt, dass ich anfange, mich selber auszuziehen. Mühsam komme ich voran. Am schwierigsten sind die Socken. Mit aller Kraft, die mir noch geblieben ist, beuge ich mich weit hinunter, um die Socken über die Hacken zu streifen. Schließlich liege ich im Bett. Erschöpft und meine neue Freiheit genießend.

Eine weitere Herausforderung bleibt das Sprechen. Ich bin zwar seit der Normalstation von der künstlichen Beatmung getrennt und atme auch wieder selbstverständlich im eigenen Rhythmus.

Das Loch durch den Luftröhrenschnitt ist jedoch noch nicht zugeheilt. Der Plan ist, dass es zugenäht wird.

Solange wird ein Pflaster drüber geklebt. Beim Sprechen verschließt das Pflaster allerdings nicht vollständig. Ein wenig Luft entweicht an den Seiten. So bin ich gezwungen, jedes Mal, wenn ich spreche, dieses Pflaster festzudrücken, um verstanden zu werden. Eine anstrengende und mühsame Angelegenheit, die mich immer schnell erschöpft.

An den Wochenenden bekomme ich Besuch. Das macht mir den Aufenthalt in der Reha wesentlich leichter. Ich fahre dann schon immer in meinem Rollstuhl nach draußen, um auf meine Besucher*innen zu warten.

Einmal schieben mich Yuri und seine Freundin einen Waldweg entlang, in der Hoffnung, zum nahegelegenen See zu gelangen. Die Wegstrecke erweist sich als viel schwieriger als gedacht. Durch die vielen Baumwurzeln werde ich kräftig hin und her geschüttelt. Und Yuri muss sich sehr abmühen.

Irgendwann geht es für uns nicht mehr weiter, weil der Weg ein Steilufer hinunterführt. Dies ist mit dem Rollstuhl unmöglich. Da ich dringend auf Toilette muss, bitte ich Yuri, mich an einen Baum zu schieben. Meine Begleitung zieht sich zurück. Ich stemme mich aus dem Rollstuhl hoch und pinkle gegen den Baum.

Ein erhabenes Gefühl.

—

95 Tage nach der Kunstherz-OP
Cordula

Es ist wirklich eine unglaublich große Erleichterung, dass Dirk nun endlich in der Reha ist. Er ist nun definitiv über den Berg, macht täglich Fortschritte und ist nicht mehr so direkt gefährdet, sich wieder mit Krankenhauskeimen zu infizieren. Er benötigte auch nur noch einmal die Dialyse – danach bleiben seine Nierenwerte im Normbereich; wir können es kaum glauben. Daran ist auch zu erkennen, wie gut Dirk der Ortswechsel tut ... und mir auch: Wegen der Entfernung kann und muss ich nicht mehr täglich ins Krankenhaus – welch eine Entlastung und Befreiung!

Meine Auszeit auf dem Darß hat dazu beigetragen, dass ich innerlich wieder etwas mehr zur Ruhe kam; vier Tage nur für mich, in den Tag hineinleben, mit Fahrradtouren, in die wunderbare Natur und übers Meer schauen, nichts tun ...

Lys und ich merken, wie wir ganz langsam wieder zur Besinnung kommen. Als Ausgleich entdecken wir für uns eine neue gemeinsame Leidenschaft, die wir uns nun gönnen: Reitunterricht!

Der Kontakt und die Kommunikation mit den Pferden, die Konzentration, die notwendig ist, wenn man oben drauf sitzt, der Pferdegeruch – all das pustet unsere Köpfe leer und erdet uns ungemein.

Es macht so eine große Freude: Lys und ich, Tochter und Mutter, sind die letzten Monate durch dick und dünn gegangen, sind eng zusammengerückt und haben so Unglaubliches gemeinsam getragen. Und nun dieser gemeinsame Genuss, ohne große Sorgen um Dirk und in dem Wissen, dass er sich auf dem Weg der Genesung befindet.

Auch Yuri fühle ich mich die gesamte Zeit über tief verbunden, obwohl er ja leider nicht immer vor Ort sein kann. Doch wir haben ständig einen „heißen Draht" zueinander und ohne seine moralische und finanzielle Unterstützung hätte ich mir den Reitunterricht und auch die ein oder andere Thai-Massage sicherlich nicht gegönnt!!

Allerdings habe ich nach wie vor – und das sollte sich noch über Monate hinziehen – einen sehr unruhigen, im einstündigen Rhythmus unterbrochenen Schlaf.

—

```
10.05.
97 Tage nach der Kunstherz-OP
Cordula
```

```
Hallo H.,
Dirk geht es nach wie vor in Leezen gut und
er macht prima Fortschritte. Er musste nun
schon seit über zwei Wochen nicht mehr an die
Dialyse und er geht schon mit einem Rollator
über die Flure bis nach draußen!
Er würde sich sehr über einen Besuch von
```

dir freuen, wenn du magst. Dirk kann zwar
auch inzwischen Mails und SMS empfangen und
schreiben, doch ich koordiniere noch seine
Besuche.

Liebe und sonnige Grüße aus Krummesse,
Cordula

—

Dirk hat sich vorgenommen, zur Rosenblüte wieder zuhause zu sein – er arbeitet konsequent daran und scheint
es tatsächlich zu schaffen ...

Impulse
* Was muss, was will ich loslassen?

* Welche Bilder habe ich von meiner Zukunft?

* Wie möchte ich leben ... in einem Jahr ... in fünf
  Jahren ... in zehn Jahren?

Mein Kardiologe geht vorbei, sieht mich überrascht an und setzt sich zu mir auf die Mauer. Er kann es kaum glauben, dass ich es bin.

13.
Wieder zu Hause

Dirk

Mittlerweile gibt es einen Termin im Krankenhaus, um meinen Luftröhrenschnitt zu verschließen und den Zugang für die Dialyse zu entfernen. Da ich meine Reha-Ziele fast erreicht habe und bald entlassen werden soll, kann ich aushandeln, die Nacht vor der Krankenhausaufnahme zur Probe zu Hause zu schlafen.

Was für eine Freude!

Ich liege in meinem eigenen Bett und höre – nichts.

Kein Gepiepe, kein Gerenne.

Unsere Katze legt sich zu mir ans Fußende.

Ich bin zu Hause.

Guter Dinge begebe ich mich am nächsten Tag ins Krankenhaus. Die paar Tage dort werde ich nach der langen Zeit locker hinter mich bringen. Leider komme ich in ein unruhiges Dreibettzimmer. Nachmittags setze ich mich draußen auf eine kleine Mauer in die Sonne und schaue den vielen Menschen beim Vorbeihasten zu. Ich treffe die

Herzschwestern von der Kunstherzambulanz und sehe ihre Freude darüber, dass ich so gut wieder auf die Beine gekommen bin.

Mein Kardiologe geht vorbei, sieht mich überrascht an und setzt sich zu mir auf die Mauer. Er kann es kaum glauben, dass ich es bin.

Die Entlassung zieht sich dann noch hin wegen eines Blutwertes. Da ich bereits länger im Krankenhaus bin als geplant, kann ich nicht so einfach in die Reha zurück. Also, ich gehe auch gerne nach Hause!

Erst heißt es, „morgen werden Sie entlassen". Dann: „Nein, doch nicht." Ich werde vorsichtig, mich zu freuen. Einmal hat die Pflegerin bereits mit mir gepackt, als der Arzt kommt und die Entlassung stoppt.

Doch dann ist es so weit: Ich bin entlassen und zu Hause! Schon in der ersten Nacht setze ich das schlafanstoßende Medikament ab. Es ist egal, ob ich schlafe oder nicht. Ich liege wach in meinem Bett und freue mich einfach nur.

Ich muss doch eingeschlafen sein, denn später gegen Morgen, werde ich durch ein Quietschen geweckt. Ich brauche etwas Zeit, um mich zu besinnen. Dann erinnere ich mich, mit Nachbarn über dieses Quietschen gesprochen zu haben und wie es sie nachts nervt. Es ist der Zeitungsbote mit seinem Hackenporsche. Doch ich freue mich jede Nacht, ihn zu hören.

Ich bin zu Hause!

—

12.06.

130 Tage nach der Kunstherz-OP

Cordula

Ihr Lieben,

heute möchte ich euch noch einmal eine Rundmail schreiben – eine sehr erfreuliche!

Einige von euch wissen schon, dass Dirk am Freitag nach Hause entlassen wurde – nach fast fünf Monaten Klinikaufenthalt. Wir freuen uns sehr! Dirk ist sehr, sehr glücklich darüber, z. B. wieder in seinem eigenen Bett schlafen zu können und – wie er es sich gewünscht hat – die Rosenblüte mitzuerleben.

Er hat sich besser und schneller von den ganzen Strapazen und dem tiefen gesundheitlichen Absturz erholt, als wir zu hoffen gewagt hatten – wir sind alle sehr dankbar!

Nur ist er immer noch sehr krank und es geht nun darum, dass er sich bzw. wir uns mit dieser neuen, einschneidenden Situation zurechtfinden. Damit haben wir schon begonnen :)

In der Zeit, als Dirk in der Klinik in Leezen war, konnte ich mich schon etwas regenerieren – die Sonne und der Garten haben sehr dazu beigetragen. :)

Und ab Anfang Juli habe ich Urlaub! Wir werden natürlich noch nicht verreisen können, wollen jedoch ein paar Tagesausflüge unternehmen.

Ich freue mich/wir freuen uns auch auf die eine oder andere Verabredung mit euch! Ihr wart und seid eine große Unterstützung für mich/uns – vielen lieben Dank an nah und fern!!!

Liebe Grüße,
Cordula

—

Liebe Cordula, lieber Dirk, liebe Lys und lieber Yuri!
Herzlichen Glückwunsch erst einmal, dass Dirk wieder zu Hause ist.
Es war eine sehr lange Zeit verbunden mit vielen eher Tiefen als Höhen. Jetzt wieder zu Hause ist doch wundervoll. Betonung liegt auf … Wunder …

Ich wünsche euch von Herzen, dass ihr alle die Kraft bekommt, die ihr braucht und positives Denken.

Alles erdenklich Gute,
Ma.

—

Liebe Cordula,
ich habe mich sehr über die guten Nachrichten
gefreut!

Bei aller Freude, dass es Dirk wieder besser
geht, ist es sicherlich nichtsdestotrotz für
Euch alle eine große Herausforderung, Euch
auf die neue Lebenssituation und das Zusammenleben im veränderten Rahmen einzustellen.
Dazu wünsche ich Euch weiter viel Kraft und
gegenseitiges Verständnis.

Und: „Nur" weil Dirk jetzt zuhause ist, muss
es ja nicht mit der Wiedererlangung der Gesundheit aufhören – ich wünsche ihm also eine
immer weitergehende gute Genesung.
Wer weiß, wie weit es auf dem Gesundheits-
Treppchen noch nach oben geht – am liebsten
ganz hoch hinaus!

Liebe Grüße und weiter alles Gute für Dich
und Euch,
C.

—

14.06.
132 Tage nach der Kunstherz-OP
<u>Dirk</u>

Ihr Lieben,

Danke!

Danke für die vielen guten Wünsche und Grüße,
Begegnungen, Besuche, Unterstützung – auch
für Cordula. Ihr habt mich erreicht und es
hat mir gut getan und meine Lebenskräfte ge-
stärkt.

Ich bin nun seit kurzem aus der Klinik entlassen. Nach der Reha war ich noch mal in der
Uniklinik wegen zwei kleinerer Sachen, das
hat sich leider richtig hingezogen.

Nun bin ich zu Hause und freue mich. Freue
mich wieder bei der Familie zu sein, über
die blühenden Rosen im Garten und darüber,
im eigenen Bett zu schlafen.

Liebe Grüße,
Dirk

—

Cordula
Ein geschenktes Leben

Ja, welch ein Wunder und Segen – Dirk ist tatsächlich wieder zuhause. Es gab im Frühjahr Zeiten, in denen ich mich hier – in unserem Haus – als Witwe gesehen hatte ...

Dirk ist natürlich noch sehr schwach, doch den Rollator haben wir (zum Glück) umsonst bestellt – es geht auch schon ohne!!!

Treppensteigen hat Dirk in der Reha eisern trainiert, so dass er unsere 15 Stufen im Haus nach oben – zwar zunächst noch in Zeitlupe – schafft.

Es ist großartig und bewundernswert, wie er seine Erkrankung mit all seinen Einschränkungen annimmt: mit seinem Herzunterstützungssystem und der Driveline ist er nun immer verkabelt und trägt ständig eine Tasche mit seinen Akkus bei sich.

Doch nach und nach erweitert er seinen Bewegungsradius, verlängert seine Runden ums Haus auf eine Runde um unsere Wohnsiedlung ... bis er im Sommer in unserem Garten „Qigong mit Hut" beginnt ...!

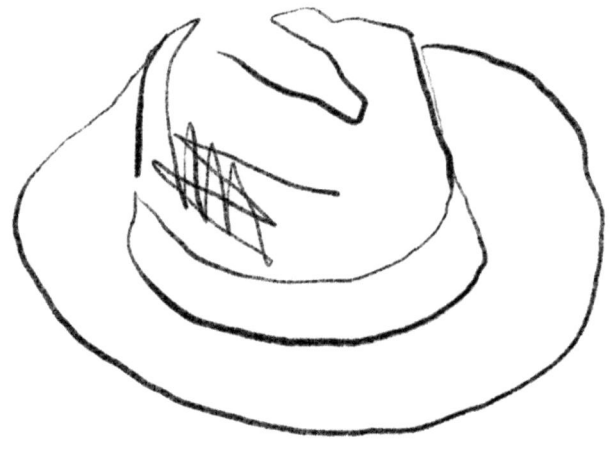

Ich muss wieder das richtige Maß für mich finden.

14.
Qigong mit Hut

Dirk

Nach Hause zurückgekehrt ist an Alltag nicht zu denken. Dafür bin ich viel zu geschwächt. Schon ein ganz normaler Gang von einem ins andere Zimmer strengt mich an. Ich „trainiere" einmal um unser Haus zu gehen. Glücklicherweise steht an jeder Ecke eine Bank und ich kann eine kleine Pause einlegen.

Außerdem fange ich wieder damit an, Qigong zu üben. Ich habe darin viele Jahre Erfahrung und kenne die einzelnen Bewegungen. Aufgrund meiner noch immer sehr geschwächten Konstitution beginne ich meine Qigong-Praxis im Sitzen.

Bei den ersten Versuchen mit den acht Brokat-übungen auf einem Stuhl sitzend merke ich schnell, wie anstrengend dies für mich ist. Nicht nur die Muskulatur ist verkümmert; meine Beweglichkeit ist deutlich eingeschränkt und auch meine Konzentrationsfähigkeit vermindert. Zudem kann ich mich nur rudimentär an die

Bewegungsabläufe erinnern.

Ich muss wieder das richtige Maß für mich finden. In der Qigong-Lehre heißt es dazu, dass es gilt, das rechte Maß in Bezug auf alle Aspekte der Übungen zu finden, also in Bezug auf Körperhaltung, Bewegung, Atmung, Vorstellungskraft und Dauer.

Dies bedeutet für mich im Einzelnen:
- Körper gerade aufrichten,
- Bewegungen nur soweit ausführen, wie sie angenehm sind,
- Atem wieder frei fließen lassen,
- Vorstellungskraft nutzen, mich von abschweifenden Gedanken lösen und die inneren Bilder ihre Wirkung entfalten lassen,
- Übungsdauer an meine Konstitution anpassen

Zunächst versuche ich mich an den ersten vier Brokatübungen auf einem Stuhl sitzend, mit wenigen Wiederholungen. Die Auseinandersetzung mit meinen Grenzen, die ja nun sehr viel schneller erreicht werden, fällt mir nicht leicht. Ich hege dennoch die Hoffnung, dass meine körperlichen und geistigen Kräfte wieder wachsen werden.

Nach wenigen Übungstagen spüre ich eine Entspannung in den Schultern, meine Aufmerksamkeit richtet sich wieder auf mein Körpergefühl, ich ahne wieder so etwas wie Boden unter den Füßen und fühle mich erfrischt und optimistischer. Dennoch bin ich häufig erschrocken darüber, was ich alles zum Ablauf und zur Vertiefung nicht mehr weiß. Andererseits finden auch einzelne Bewegungen aus mir heraus ihren Weg, indem ich sie geschehen lasse.

Es ist ein Üben im wahrsten Sinne des Wortes: üben, üben, üben.

Langsam erschließe ich mir die „8 Brokate" im Stehen. Mich wieder aufrichten und meine Mitte zwischen Himmel und Erde finden. Den „Bogen spannen", mein Ziel erkennen und aus der Ruhe und Entspannung herausfinden. Umschauen und alles Gewesene würdigen und hinter mir lassen. Dehnen und meine Kraft vermehren.

Diese Erfahrungen spiegeln mir genau, welchen Weg ich gehen will und muss.

Bei schönem Sommerwetter übe ich gerne im Freien. Barfüßig den Rasen spüren, beim „Pferdeschritt" das Gras mit dem Fuß zur Seite schieben, den feuchten Morgentau kühlend an den Füßen und die Sonne stark und mächtig auf den Kopf scheinend.

Ein Hut zum Schutz.

Ich beobachte die Schmetterlinge auf den Blüten. Die Übungen führen mich in die Stille. Die Zeit steht still. Mein Geist ist wach und ruhig. Geschenkte Zeit, ein geschenkter Sommer.

Gegen Ende des Sommers „traue" ich mich, an einem Kurs teilzunehmen: Die 15 Ausdrucksformen.

Sie führen mich dahin, leichter und spielerischer zu üben. Und vielleicht auch mein Leben wieder leichter zu nehmen. Atem, Körper und Geist in Einklang bringen. Den „Berg schieben" und mir Raum verschaffen. Die Hände ziehen wie Wolken und ich beobachte, was geschieht. Die Leichtigkeit des „Kondors", wie hatte ich sie vermisst.

Die Kraft des „Drachens", die fokussierte Spannung. Die Kreise als auf und ab, öffnen und schließen, ein unendlicher Kreislauf, entstehen und vergehen und entstehen. Die „Mähne des wilden Pferdes teilen" als Bereitsein, Präsenz. Das „Rad schlagen", sich zeigen und empfangen und das Positive in sich aufnehmen.

Meine Konzentrationsfähigkeit und Vorstellungskraft verbessern sich weiter. Beim Sitzen in Stille konnte ich alle Gedanken und alle Gefühle loslassen.

C. Fischer und M. Schwarze schreiben in ihrem Buch Qigong in Psychotherapie und Selbstmanagement (2008: 16): „Für Klienten und Patienten ist die Erfahrung von Selbstwirksamkeit, durch eigenes aktives Tun auf die Befindlichkeit einwirken zu können und sich von Hilflosigkeit und Ohnmacht zu lösen, ein zentraler Aspekt."

Ich erziele eine Wirkung.

Und die Wirkung findet mich.

Üben nach dem eigenen Maß, das war vorher so und es ist auch jetzt so. Das Maß ist ein anderes geworden.

Es ist nicht besser oder schlechter, es ist mein Maß.

Ich übe anders.

Impulse
Was ist für mich das „richtige Maß"...

    *   mit der neuen Lebenssituation umzugehen?

    *   für meine*n Partner*in zu sorgen?

    *   für meine Familie zu sorgen?

    *   für <u>mich</u> zu sorgen?

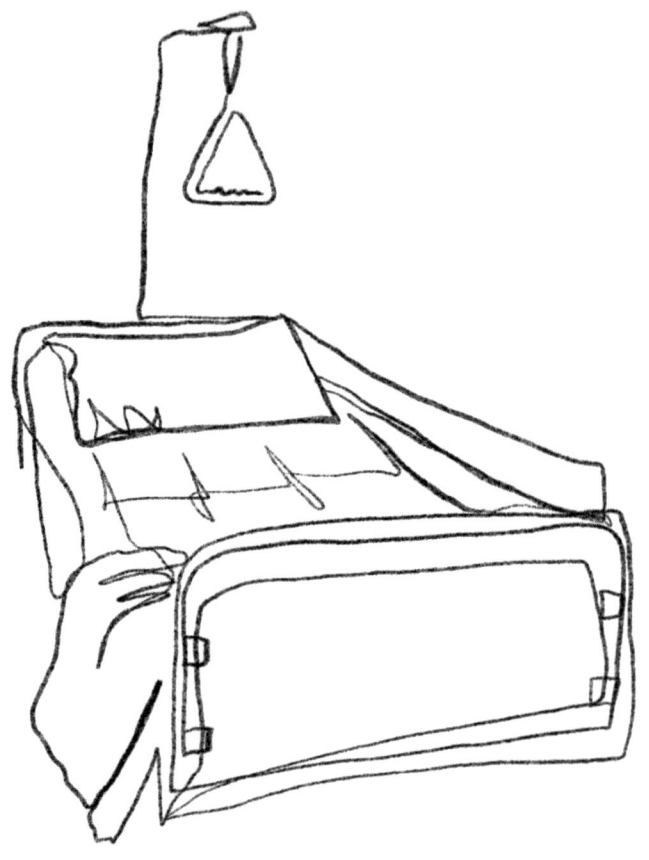

Ach, hier habe ich gelegen.

15.
Ein Jahr später.
Hier also...

Dirk

Ich bin wieder auf der Intensivstation.
Dieses Mal zu Besuch.

Ich hatte meinen regelmäßigen Kontrolltermin bei der Kunstherzambulanz. Neben den medizinischen Untersuchungen sprechen wir gerne über alte Zeiten, über meine Behandlung auf der Intensivstation und wie knapp es gewesen ist.

Die Herzschwestern wurden gerade wieder gefragt: „Hab ich Herrn Huckhagel gesehen, war er das wirklich? Ich habe ihn fast nicht wiedererkannt. Ein Wunder".

Das mit dem Wunder höre ich nicht zum ersten Mal. Eine Herzschwester erklärt mir, sie würden sich in Besprechungen manchmal an mich erinnern, sie bräuchten diese Erfolge, um nicht aufzugeben, um zu sehen, ihre Arbeit habe einen Sinn.

Wir kommen auf die Intensivstation zu sprechen. Ich erinnere mich an mein Zimmer, räumlich habe ich ansonsten keinerlei Orientierung. Die Herzschwester meint: „Das können wir ändern" und nimmt mich mit auf einen Rundgang durch die Intensivstation.

Wir klingeln, um hineingelassen zu werden.

Warten. Warten.

Dann gehen wir weiter zur Anmeldung und die Herzschwester schaut nach einem Arzt, der mich noch kennt. Ich setze mich auf einen der Stühle, die für Angehörige bereitstehen, die darauf warten, ins Zimmer gelassen zu werden. Hier also haben Cordula und alle anderen immer gewartet. Manchmal weit über eine Stunde. Im Ungewissen, was sie erwarten wird. Voller Sorge und Hoffnung. Allein mit ihren Gedanken und Gefühlen.

Dann gehen wir über die Station. Ach, hier habe ich gelegen. Das Zimmer war mittendrin, während ich mich völlig abseits gefühlt hatte. Hier ist die Glasscheibe, durch die ich immer versucht habe, etwas von dem Leben außerhalb meines Zimmers mitzubekommen. Bis die Jalousie runtergelassen wurde.

Ein Pfleger, den ich noch kenne, meint, sie hätten keinen Cent auf mich gewettet. Es sei erstaunlich, wie gut es mir wieder gehen würde. Ich erwidere, sie hätten mein Leben gerettet.

Hier also war das, vor etwa einem Jahr ...

Ich möchte leben, wie ein Fluss fließt, getragen von der Überraschung seines eigenen Werdens.

John O'Donohue

Epiloge

Cordula

Nun ist es schon eine Zeit lang her, dass Dirk auf der Intensivstation um sein Leben gekämpft hat. Mittlerweile ist wieder sehr viel geschehen: Vor einem Jahr hat er ein neues Herz geschenkt bekommen, was wir mit unseren Freund*innen zutiefst dankbar gefeiert haben!

Im Nachhinein werde ich häufig gefragt, wie ich diese Zeiten eigentlich überstanden hätte, woher ich die Kraft genommen habe und ob ich mit unserem Schicksal nicht hadern würde.

Mit dem Schicksal hadern?

Darüber habe ich nie nachgedacht, dazu hatte ich gar keine Zeit ... war mein erster Gedanke.

Aber das stimmt nicht.

Nein, ich hadere nicht mit dem Schicksal − das habe ich noch nie getan, obwohl ich von Kindheit an mit tiefen Lebenskrisen konfrontiert war. Ich habe diese Krisen nie als „Schicksal" gedeutet oder gar womöglich als „Strafe Gottes", auch wenn ich katholisch erzogen wurde.

Für mich sind Krisen oder gar Grenzerfahrungen Herausforderungen des Lebens, an denen wir wachsen dürfen. Es sind Tiefs und Abgründe des Lebens, die − neben unseren Hochs und absoluten Glücksmomenten − dazu gehören. Es ist unser LEBEN.

Ich glaube, Dirk sieht es ähnlich und wir haben auch schon andere „Schicksale" gemeinsam durchgestanden. Da ist ein tiefes Vertrauen darauf, dass wir das beide können – jede*r für sich und miteinander. Wir können uns dabei aufeinander verlassen. Das hat uns (unter anderem) auch durch diese Zeit getragen.

Dennoch hat mich dieser damalige Überlebenskampf – auch wir als Angehörige haben sozusagen um unser Leben gekämpft – sehr viel Energie gekostet und es hat lange gedauert, bis ich mich von diesen Kraftanstrengungen erholt habe.

Woher ich die Kraft überhaupt genommen habe?

Die Aussage, dass wir Menschen mit unseren Anforderungen wachsen, ist richtig. Dies setzt aber voraus, dass wir nicht mit diesen Herausforderungen hadern und versuchen, uns gegen sie zu stemmen, sondern dass wir uns ihnen hingeben und sie als „Lebensaufgabe" und Chance betrachten.

Und ich glaube, dass es hinter allen Krisen und allem Chaos einen tieferen Sinn gibt, den wir – wenn überhaupt – oft erst später erfassen und verstehen.

Aus dieser Einstellung speist sich meine Kraft.

—

Dirk

Ich lebe.

Das ist wohl der wichtigste Satz, den ich heute – Jahre später – schreiben kann. Und ich freue mich jeden Tag, dass ich lebe.

Mittlerweile bin ich herztransplantiert und führe

einen weitgehend normalen Alltag. Das ist keinesfalls selbstverständlich und mir auch immer wieder bewusst. Mein Leben ist ein Geschenk!

Wenn ich an die Zeit auf der Intensivstation zurückdenke, an das Leiden, die Angst und die Einsamkeit, dann frage ich mich, wie konnte ich das alles überstehen. Ich wurde angesprochen darauf, dass ich in meinen Erzählungen kaum mit meinem Schicksal hadere oder nach dem „Warum" frage. Ich kann darauf nur antworten: Es hätte nichts genützt.

Am Anfang meiner Erkrankung spielte die Suche nach einer Ursache noch eine Rolle. Ob es ein verschleppter Infekt, Veranlagung oder etwas anderes war, konnte allerdings nicht geklärt werden. Ich fragte meine Ärzt*innen, ob das Auswirkungen auf die Behandlung hätte. Das wurde verneint, das mache keinen Unterschied in der Therapie. Nach diesen Gesprächen spielte die Ursache meiner Erkrankung keine Rolle mehr für mich. Die ganze Fragerei nach dem Grund, der Schuld und „warum ausgerechnet ich" hilft nicht weiter.

Ich habe mein Schicksal angenommen und mich der Aufgabe, die mir gestellt wurde, gefügt.

Das ist aber nur ein Teil der Antwort auf die Frage, wie ich das alles überstehen konnte. Ein weiterer Grund ist, dass medizinisch und pflegerisch wirklich sehr, sehr viel für mich getan wurde. Jede Chance, mich zu retten, wurde genutzt. Und alle arbeiteten hart auf dieser Station, egal wie groß oder klein die Hoffnung auf mein Weiterleben überhaupt war, wofür ich zutiefst dankbar bin.

Das Wichtigste jedoch dafür, dass ich nicht aufgegeben habe, war, dass ich nicht alleine war. Auch wenn ich mich oft einsam und verlassen gefühlt habe, insbesondere während meines Delirs am Anfang, war ich nicht wirklich allein. Ich hatte jeden Tag Besuch! Teils mit mehreren Personen, was auf einer Intensivstation nicht selbstverständlich ist. Das hat mich durch den Tag gebracht und mir die Kraft gegeben, durchzuhalten. Mein ganzes Mitgefühl gehört denjenigen, die während der Corona-Pandemie isoliert waren. Ich hatte eine unglaubliche Unterstützung durch meine Frau und meine Kinder. Was Cordula, Yuri und Lys alles getragen haben, mit ansehen und entscheiden mussten, ich vermag es kaum zu fassen. Wenn sie nicht kommen konnten, hat meine Frau immer Freund*innen organisiert, damit ich Besuch bekomme. Insbesondere auch meine Schwägerin Barbara und meine Freundin Katharina haben mir sehr zur Seite gestanden. Viele Menschen um mich herum haben sich gemeldet, Grüße ausgerichtet, Karten geschrieben oder sind sogar aus der Ferne angereist. Und Barbara, Freund*innen und Nachbar*innen haben Cordula unterstützt, damit sie den weiterlaufenden Alltag bewältigen kann. Kolleg*innen und der Geschäftsführer haben zu mir gehalten.

Inzwischen arbeite ich wieder mit ein paar Stunden wöchentlich.

Eine Weile, nachdem ich wieder zu Hause war, habe ich angefangen, meine Erlebnisse aufzuschreiben. Es war sehr anstrengend, alles wieder zu durchleben. Ich konnte mich oft nur eine Stunde am Tag darauf konzentrieren. Ich erinnerte mich und versuchte zu verstehen, was geschehen war. Ich wollte alles aufheben und ich wollte auch etwas mitteilen: Gebt nicht auf! Haltet zusammen!

Meine Erinnerung hatte und hat Löcher und Fragezeichen. Cordula begann ebenfalls, aus ihrer Perspektive die ganze Geschichte aufzuschreiben. Erst nachdem ich mit meinen Aufzeichnungen fertig war, las ich die ihrigen: Ich las von ihrer Not, von ihrer Verantwortung und davon, alles für mich zu tun, dabei irgendwie weiter zu leben und dennoch für Lys und Yuri da zu sein. Außerdem erfuhr ich viel über das, was geschehen war, was ich nicht mitbekommen hatte. Insbesondere anfangs wurde mit mir kaum gesprochen. Und ich konnte wegen der Beatmung nicht reden. Das war mit das Schlimmste während dieser Zeit, dass ich mich nicht mitteilen konnte. Und natürlich auch nicht gefragt wurde. Die Situation besserte sich erst, als Cordula mit der „Buchstaben-Tafel" kam und ich auf einzelne Buchstaben zeigen konnte, die sie dann zu Wörtern verband.

Manche Unterschiede in unseren Erinnerungen konnten wir nicht auflösen. Wir haben mit diesen Resten an Unstimmigkeit einen besonderen und auch humorvollen Umgang miteinander gefunden. So sage ich manchmal heute noch, wenn Cordula von mir genervt ist, sie müsste wohl meine Dosis an Tranquilizern erhöhen. Oder neulich meinte sie, als im Fernsehen ein Bericht über ein Pflegeheim in Dithmarschen lief, „das sei doch eigentlich ganz schön da ..." Wir können darüber lachen, wir haben unseren „Running Gag". Wir haben auch während der schlimmsten Zeit immer mal einen Witz gemacht, gelacht, auch wenn das angesichts der Situation völlig ver-rückt erschien. Wir haben es uns erlaubt. Es hat uns gutgetan.

Anhang – Wegweiser für Menschen in einer Krise

`Dirk`

Was hat mir also geholfen, was kannst du tun?

Ein Weg, das herauszufinden, ist, sich in die Lage des- und derjenigen zu versetzen, der/die sich in der existenziellen Krise befindet. Bei mir überwog während der Zeit auf der Intensivstation die Einsamkeit und die Angst. Vor allem am Anfang, als ich um mein Leben bangte. Später kämpfte ich um meine Würde und dann um meine Selbstständigkeit.

Wenn nun ein mir bekannter oder nahestehender Mensch auf der Intensivstation liegt – wie erreiche ich ihn?

* Richte Grüße und Wünsche aus! – Erstaunlich, wie viele Menschen sich davon abhalten lassen, zu grüßen oder zu wünschen, weil sie denken, sie finden nicht die richtigen Worte oder sie treten jemanden zu nahe. Dabei kommt es darauf an, dadurch zu signalisieren: „Wir haben dich nicht vergessen, wir denken an dich, du bist uns wichtig." Wenn jemand Worte missverstehen will, dann können wir es nicht ändern. Die Botschaft liegt jenseits der Worte. Mich haben diese Botschaften sehr erreicht. Ich fühlte mich weniger allein.

* Schreibe eine kleine Karte.

* Stimme dich dabei auf ihn/sie ein. Du weißt, was er/sie so mag, welche Wünsche oder Bilder von Postkarten ankommen.

* Nimm Kontakt mit engen Angehörigen auf. Eventuell per E-Mail oder Brief, dann ist niemand überfordert. Auch die Angehörigen brauchen Hilfe. Frage, wie du helfen kannst. Alles, was du für die Angehörigen tun kannst, hilft auch dem/ der Kranken.

* Gib ein paar kleine Blüten oder Zweige aus deinem Garten oder aus einem Blumengeschäft mit ins Krankenhaus (sofern es erlaubt ist). Oder stelle Blumen vor die Tür der nahen Angehörigen. Auch diese fühlen sich meist überfordert und vielleicht allein.

* Gib etwas mit, was gut und frisch riecht. Z.B. Seifenlotion für das Wasser, mit dem der/die Kranke gewaschen wird.

* Denke an den Geburtstag und melde dich dann.

* Kinder können Bilder malen. Es gibt nie genug Kinderbilder. Und so ein Krankenzimmer, zumal auf der Intensivstation, wirkt viel menschlicher, wenn ein paar Kinderbilder aufgehängt sind.

* Vielleicht könnt ihr telefonieren oder skypen.

* Vielleicht ein Hörbuch oder eine DVD, wenn zum Abspielen die Möglichkeit besteht.

* Frage die nahen Angehörigen, ob du die/den Kranke/n besuchen darfst. Wenn ja, wappne dich vorher. Halte die Situation aus! Nicht erschrecken! Nicht rumjammern! Keine Vorwürfe! Auch nichts beschönigen. Sei einfach da!

* Behalte die Hoffnung! Das überträgt sich.

* Halte die Hand, wenn du darfst.

* Eure Beziehung zueinander verändert sich auf der Intensivstation. Du darfst sehr nah sein, in seinem/ihrem vielleicht schwächsten Moment. Sei dankbar dafür. Gehe sorgsam und respektvoll damit um.

* Erzähle von deinem Alltag, lasse ihn /sie teilhaben an deinem Leben.

* Höre zu, hab Geduld, höre dir das Leid in Ruhe an, wenn er/sie sprechen kann und möchte. Nimm das Leid an. Beschönige nichts.

* Schicke ein kleines Büchlein. Eher sehr kurze Texte. Anfangs ist der Aufmerksamkeitsfokus gering.

Und vergiss nicht: Reha oder Entlassung bedeutet nicht, alles ist wieder gut. Dein Kontakt und deine Hilfe werden weiter benötigt.

—

Cordula

Was mir, als Angehörige, in dieser Zeit geholfen hat? Vielleicht kannst du, liebe Leserin, lieber Leser, einige Aspekte auf dich übertragen.

Meine Familie und Verbundenheit
Unsere Familie, Yuri, Lys und ich sind sehr eng zusammengerückt und haben uns als „Schicksalsgemeinschaft" tief verbunden gefühlt. Wir wussten, dass wir uns hundertprozentig aufeinander verlassen können, dass wir füreinander einstehen und durchs Feuer gehen.

Wir akzeptieren auch untereinander unsere unterschiedlichen Strategien, mit Herausforderungen und Krisen umzugehen und wissen, dass jede*r von uns sein/ihr Bestmögliches tut – wir vergleichen uns dabei nicht.

Wir haben uns viel miteinander ausgetauscht und darüber geredet, wie es uns mit dieser gesamten Situation geht und uns gegenseitig immer wieder Mut gemacht.

Meine Schwester
Barbara hat bei sich alles stehen und liegen gelassen und organisiert, die ersten Wochen bei uns sein

zu können. Sie hat uns ganz praktisch geholfen und uns viel im Haushalt abgenommen. Außerdem hat sie zum Beispiel Freund*innen von Dirk über die Situation auf dem Laufenden gehalten, was mich sehr entlastet hat. Sie war „einfach da" und ich konnte auch mit ihr meine schlimmsten Sorgen und Ängste teilen. Sie hat mich und uns fast täglich ins Krankenhaus begleitet und gemeinsam mit uns Minuten bis Stunden im Wartebereich der Intensivstation verbracht.

Transparenz und soziales Netz
Weil ich keine Kraft hatte, mit jedem Einzelnen aus unserem Freundeskreis zu kommunizieren, mir es aber sehr wichtig war, mich einzubinden und andere liebe Menschen an unserer Situation teilhaben zu lassen, habe ich von Anfang an die Rundmails verschickt. Dadurch wussten alle immer Bescheid und sie haben uns auf unterschiedlichste Art und Weise unterstützt: durch liebe, mitfühlende und aufbauende Mails oder Postkarten, durch Päckchen mit „Nahrung für die Seele", durch Besuchsangebote (ich konnte nicht mehr weite Strecken mit dem Auto fahren). Eine Freundin kam samt Lebensmitteln und hat für uns gekocht, Nachbarn haben einen Blumenstrauß vor die Tür gestellt ... Es waren also auch die „kleinen" Zeichen, die bei mir Rückenstärkung bewirkt haben.

Mit Katharina war ich im ständigen Austausch: Wenn ich Dirk nicht besuchen konnte oder mal dringend einen Tag Pause benötigte, hat sie es sich meistens einrichten können, ihn zu besuchen. Manchmal befürchtete ich, sie damit zu sehr zu belasten. Doch später war ich sehr davon berührt, als sie sich bei mir für mein Vertrauen bedankte, sie so nah an Dirk und in unsere Familie „reingelassen" zu haben ... Sie war so eine wertvolle Entlastung für mich!

Freund*innen von Dirk kamen sogar nur für einen Tag aus Hannover, Celle oder Husum, um ihn zu besuchen und ihm und uns Mut zu machen.

Es war wirklich richtig wichtig für uns, unsere Türen zu öffnen, den Freundeskreis einzuladen und einzubinden und nicht in einem geschlossenen Familiensystem zu bleiben.

Selbstfürsorge: Rückzug, Garten und Natur
Gleichzeitig hatte ich ein starkes Bedürfnis nach Rückzug, Stille und Alleinsein, einfach auch mal „Nichtstun". Zum Lesen fehlte mir leider die Konzentration; Gartenzeitschriften zum Angucken gingen ganz gut. Und in meinem Garten „herumpütschern", in der Erde zu wühlen, wirkte sehr erdend. Im Wald an einem Kraftbaum zu verweilen, konnte ebenfalls meine Energien wieder aufladen.

Total stärkend war dann auch später das gemeinsame Reiten mit Lys! Also etwas gefunden zu haben, wovon ich schon länger geträumt hatte.

Von Yuri habe ich unter anderem auch Gutscheine für eine wunderbar wohltuende Ganzkörper-Öl-Massage geschenkt bekommen.

Meine Praxisarbeit als Gestalttherapeutin
Eine Woche nach Dirks OP habe ich wieder angefangen, Therapien zu geben. Ich habe festgestellt, dass dies auf mich ausgleichend und stabilisierend wirkt: Beide – sowohl meine Klient*innen als auch ich – bewegen sich in einem auf Heilung ausgerichteten Prozess.

Klarheit und Offenheit
Dirk und ich sind schon lange ganz offen und unverkrampft mit dem Thema Sterben, Tod und Trauer umgegangen – privat und beruflich begleitet mich dieses Thema seit vielen Jahren.

So sind wir auch dieses Mal, auch mit Lys und Yuri, umgegangen; wir haben keinen Gedanken, keine Fragen, Sorgen und Ängste versucht zu vermeiden oder gar zu verdrängen, sondern haben sie benannt.

Auch bei den Ärzt*innen im Krankenhaus habe ich darauf bestanden, dass sie mit mir Klartext sprechen und mir die medizinischen Sachlagen solange erklären, bis ich sie verstanden habe.

Vertrauen
Meine bisherigen Krisenerfahrungen mit dem Wissen, dass meine Kraft mit den Anforderungen mitwächst, haben mir sehr geholfen. Deshalb vertraue ich darauf, dass es immer irgendwie irgendeine Lösung gibt und ich sie finden werde – frei nach dem viel zitierten Spruch: „Am Ende wird alles gut. Und wenn es nicht gut ist, ist es auch noch nicht das Ende."

Impulse (Sammlung)

Kapitel 01

* Inwieweit habe ich mich bisher bewusst mit dem Thema Sterben und Tod auseinandergesetzt?

* Wie offen habe ich in meiner Partnerschaft, innerhalb der Familie, mit meinen Freund*innen über Sterben und Tod gesprochen?

* Patientenverfügung, Vollmachten, Testament – wann ist für mich der richtige Zeitpunkt, mich um diese Art meiner Vorsorge und den dazugehörenden Formalitäten zu kümmern?

Kapitel 02

* Wie geht es mir in Situationen, in denen ich keinerlei Kontrolle habe? Wie gehe ich damit um?

* Gibt es Menschen, denen ich vollständig mein Leben anvertraue?

Kapitel 03

* Will ich leben? Wirklich leben? Woran merke ich es jeden Tag?

* Was würde ich anders machen, wenn ich wüsste, ich hätte nur noch 12 Monate zu leben?

* Bin ich bereit, meine lieben Angehörigen gehen zu lassen, wenn „es so sein soll", wenn es Zeit für sie ist, zu gehen?

Kapitel 04
* Warum lohnt es sich, dass ich lebe?

* Was gibt es noch alles zu erleben?

Kapitel 05
* Wie bewusst bin ich mir der Verantwortung, die ich trage, wenn ich eine Patientenverfügung / Vollmacht für einen anderen Menschen übernehme?

* Welche medizinischen Informationen und Transparenz seitens des Personals brauche ich, um mit all der Unwissenheit, den Entscheidungen und Ängsten umzugehen?

* Habe ich Menschen in meinem Umfeld, die mich bei Entscheidungen über Leben und Tod unterstützen?

Kapitel 07
* Gehe nicht davon aus, dass dein/e Angehörige/r nach dem Erwachen aus einer schweren OP orientiert ist. Erkläre ihr/ihm, dass sie/er operiert

wurde, warum sie/er jetzt beatmet wird, Medikamente bekommt, womöglich fixiert ist.

* Sage bei jedem Besuch, welcher Tag und wie spät es ist.

* Fordere das Personal dazu auf, direkt mit den Patient*innen zu sprechen (auch bei der Visite) - laut, langsam und deutlich. Sprecht in ihrem Beisein nicht über sie, sondern zu/mit ihnen!

* Welche Möglichkeiten der Verständigung gibt es, wenn die Sprache fehlt?

Kapitel 08
* Wer beziehungsweise welche sind meine Kraftspender und Kraftquellen?

* Vor welchen Energieräubern (das können auch Menschen sein) muss ich mich schützen?

* Inwieweit vertraue ich darauf, dass meine Kraft und innere Stärke mit der Situation wächst, auch wenn ich es mir im Moment nicht vorstellen kann?

Kapitel 09
* Wer würde mit mir in Kontakt bleiben, wenn ich schwer erkrankt bin?

* Wer würde mich besuchen?

* Von wem würde ich es mir wünschen?

* Geburtstag feiern: Wie viel „Normalität" kann man ins Krankenhaus bringen?

* Humor und Lachen sind heilend!

* Wie kann ich bereits in gesunden Zeiten für gute, stabile, vertrauensvolle Beziehungen sorgen?

* An wen kann ich, als Angehörige, delegieren, um mich zwischendurch zu entlasten?

Kapitel 10
* Wessen Gegenwart hilft mir, tut mir gut?

* Was kann man tun, wenn alle, wirklich alle - Patient*innen, Angehörige, Pflegepersonal - überfordert sind?

Kapitel 11
* Es gibt Zeiten, in denen es wichtig und notwendig ist, sich abzugrenzen.

* Wie wichtig bin ich auch mir? Darf ich meine Bedürfnisse beizeiten über die Bedürfnisse des/der Patient*in stellen?

* Wie gehe ich in Ausnahmesituationen mit mir um? Was brauche <u>ich</u>?

Kapitel 12
* Was muss, was will ich loslassen?

* Welche Bilder habe ich von meiner Zukunft?

* Wie möchte ich leben ... in einem Jahr ... in fünf Jahren ... in zehn Jahren?

Kapitel 14
Was ist für mich das „richtige Maß"...

* mit der neuen Lebenssituation umzugehen?

* für meine*n Partner*in zu sorgen?

* für meine Familie zu sorgen?

* für <u>mich</u> zu sorgen?

Danke

Wir danken allen zutiefst, die uns vier in dieser Zeit von nah und fern unterstützt haben.

Vielen Dank all denjenigen, die uns darin bestärkt haben, unsere Geschichte öffentlich zu machen.

Danke an unsere Lektorin Heidi Goch-Lange für ihre Ermutigung, mit unserem Erzählstil authentisch zu bleiben.

Von Herzen „Danke" an Julia Kerschbaum, Art-Direktorin, die unserem Buch eine so schöne Gestalt gegeben hat.

Einen herzlichen Dank an Frauke Engler, die mit ihren Illustrationen unsere Geschichte um eine visuelle Perspektive bereichert hat.

Charlie Brown:
„Eines Tages werden wir sterben, Snoopy."
Snoopy:
„Ja, aber alle anderen Tage werden wir leben!"

Die Peanuts von Charles M. Schulz

Dirk Huckhagel-Ziebell, geboren 1959 in Husum, Diplom-Sozialpädagoge/Sozialarbeiter und noch tätig in Teilzeit als Fachreferent für Eingliederungshilfe. Er praktiziert seit 30 Jahren Qigong.

Cordula Ziebell, geboren 1957 in Hamburg, ist Gestalttherapeutin und Heilpraktikerin für Psychotherapie in eigener Praxis. Gemeinsam mit ihrer Schwester ist sie Autorin des Buches „Schwesternbande – Wie lebendige Schwestern-Beziehungen gelingen" (Knaur-Verlag 2021).

Dirk und Cordula leben mit ihrer Katze Luna im Süden von Lübeck im ländlichen Herzogtum-Lauenburg. Sie haben zwei erwachsene Kinder.